AUF DEM WEG ZUR PROFESSUR

Die Postdoc-Fibel 2016

academics.de
Das Karriereportal für Wissenschaft & Forschung

Inhaltsverzeichnis

1.

JOB ODER BERUFUNG?

Grundsätzliche Überlegungen zur Wissenschaftskarriere

1.1 Professorentitel hin oder her – Passt die akademische Laufbahn zu mir?

Wissenschaftliche Karriere mit vielen Entbehrungen verbunden
Ungewisse Aussichten, tatsächlich Professor zu werden
Akademische Laufbahn strategisch angehen

Nach der Promotion steht für Sie eine weitere Weichenstellung in Ihrem Leben an. Weitermachen in der Wissenschaft? Oder besser eine Karriere in der Wirtschaft beginnen?

Wer sich für eine Laufbahn in der Wissenschaft entscheidet, ergreift einen der schönsten Berufe überhaupt, denn was kann es noch Befriedigenderes geben, als sein Fachwissen laufend zu vertiefen und an Studierende weiterzugeben? Zugleich aber nehmen Sie mit dieser Entscheidung ein großes Maß an Unsicherheit auf sich. Die Stellensituation ist prekär, die Bezahlung nicht so üppig wie in vergleichbaren Qualifikationsstufen in der Wirtschaft, und Sie werden sich erfahrungsgemäß immer wieder von Stelle zu Stelle und von Projektantrag zu Projektantrag hangeln müssen.

Nur jeder Dritte schafft es auf eine Professur

Für das Karriereziel Professur müssen Sie deshalb eine gehörige Portion Risikofreude und Durchhaltevermögen, Offenheit gegenüber anderen Menschen und zugleich Durchsetzungsfähigkeit mitbringen. Sie müssen bereit sein, sich auf das Nomadenleben der Wissenschaftler einzulassen. Wer nur an seiner angestammten Hochschule bleibt, hat in der Regel weniger Aussichten auf Erfolg. Mindestens ein Ortswechsel sollte nach der Promotion erfolgen, und dieser sollte je nach Fachbereich möglichst ins Ausland gehen. Das heißt, während andere sich an ihrem Wohnort immer mehr einrichten, steht für Sie womöglich noch der eine oder andere Umzug an.

Zur wissenschaftlichen Karriere gehört neben viel Fleiß auch Glück

Selbst wenn Sie mit großem Fleiß und Beharrlichkeit an Ihren Forschungsprojekten arbeiten, regelmäßig publizieren und Drittmittel einwerben, ist der Erfolg nicht gewiss – Sie benötigen zudem auch noch eine Menge Glück. Zwar bleibt nur etwa ein Viertel der Promovierten überhaupt in der Wissenschaft. Doch bei denen, die die nötige Qualifikation zum Professor mitbringen, gibt es nach Schätzungen des Bundesberichts Wissenschaftlicher Nachwuchs 2013 nur für jeden Dritten am Ende

Nicht immer führt die akademische
Laufbahn zur Professur.

die gewünschte Berufung. Die anderen gehen leer aus, sind aber zugleich für den Berufseinstieg außerhalb der Forschung oft zu alt oder schlichtweg überqualifiziert. Deshalb gilt: Gehen Sie Ihre akademische Laufbahn gern mit all Ihrer Leidenschaft an, aber überlegen Sie sich auch bei Zeiten ein Alternativszenario.

Wenn Sie also das Wagnis auf sich nehmen und in der Forschung bleiben wollen, wenn die Professur Ihre ganz persönliche Berufung ist, dann sollten Sie dieses Ziel planvoll angehen. Der vorliegende Ratgeber will Sie auf diesem Weg unterstützen.

Wie man eine akademische Laufbahn aufbaut

Als Wissenschaftler müssen Sie sehr schnell sein. Das Wissenschaftszeitvertragsgesetz (WissZeitVG) lässt Ihnen nach der Promotion sechs Jahre Zeit, um eine unbefristete Stelle zu ergattern. Ausnahmen gelten dabei für Mediziner, Postdocs mit Kindern und für Drittmittelangestellte (➽ *Kap. 1.2*).

Wer Kinder hat, muss einiges tun, Forschung und Familie unter einen Hut zu bringen (➽ *Kap. 1.3*). Noch immer werden Frauen durch die gläserne Decke am Aufstieg gehindert (➽ *Kap. 1.4*). Viele Einrichtungen haben inzwischen den Handlungsbedarf erkannt. Sie haben vielfältige Beratungsangebote geschaffen und bemühen sich, die Arbeitsbedingungen an die jeweilige Situation anzupassen und spezielle Karriereangebote für Frauen zu schaffen. Beratungsangebote gibt es inzwischen auch für sogenannte Dual Career Couples (➽ *Kap. 1.5*). Auch ausländische Forscher finden an den Einrichtungen in der Regel sehr gute Unterstützungsstrukturen vor (➽ *Kap. 1.7*).

Mit dem richtigen Forschungsthema zur Professur

Bei der Auswahl Ihres Forschungsthemas sollten Sie genauso strategisch vorgehen (➽ *Kap. 2.2*). Letztlich ist Ihr akademisches Profil entscheidend dafür, ob Sie auf eine ausgeschriebene Professur passen oder nicht. Entsprechend breit und methodisch vielfältig sollten Sie aufgestellt sein. Außerdem ist es wichtig, dass Sie die Spielregeln des Wissenschaftsbetriebs beachten. Sie sollten frühzeitig ein funktionstüchtiges Netzwerk aufbauen, sich Mentoren suchen, die sich für Sie einsetzen, aber auch bestimmte Leistungen vorweisen, die Sie für eine Professur qualifizieren. Dazu gehören vor allem die Einwerbung von Drittmitteln, Auslandsaufenthalte, aber auch einschlägige Publikationen und Vorträge.

Als Postdoc die eigene Forschung vorantreiben

Während der Postdoc-Phase stehen für Sie konkrete Karriereschritte an. Nach der Promotion werden Sie wahrscheinlich zunächst als wissenschaftlicher Mitarbeiter angestellt sein. Sie sollten aber schnell die Initiative ergreifen, um ausschließlich

Ihre eigene Forschung voranzutreiben und nicht mehr für andere wissenschaftliche Dienstleistungen zu erbringen. Stipendien oder Programme für eine eigene Stelle sind geeignete Wege, um diese Unabhängigkeit zu erreichen (➻ *Kap. 3*).

Nicht immer wird eine Habilitation erwartet

Zudem sollten Sie sich informieren, ob in Ihrem Fach eine Habilitation erforderlich ist (➻ *Kap. 4*). In den Geistes- und Rechtswissenschaften und in der Medizin wird von den Berufungskommissionen oft noch die Habilitation erwartet. In den Natur- und Ingenieurwissenschaften hingegen gilt die Habilitation mittlerweile als veraltet, und andere Leistungen zählen. Zudem wurden inzwischen auch alternative Wege zur Professur eröffnet: die Juniorprofessur (➻ *Kap. 5.1*) und die Nachwuchsgruppenleitung (➻ *Kap. 5.2*).

Haben Sie sich ausreichend qualifiziert, können Sie sich auf Professuren bewerben. Sollten Sie eine Fachhochschulprofessur anstreben, gibt es einige Besonderheiten zu beachten – Sie benötigen dann auch noch berufspraktische Erfahrungen in Anwendung und Entwicklung, die Sie außerhalb der Hochschule erworben haben (➻ *Kap. 6*). Ob FH oder Uni, in jedem Fall müssen Sie für eine Professur ein Berufungsverfahren durchlaufen (➻ *Kap. 7.1*).

Grundsätzliche Überlegungen in Vorbereitung auf die akademische Laufbahn:

» **Bringe ich die nötigen Eigenschaften und Fähigkeiten mit, um in der Forschung zu arbeiten?**

» **Bin ich bereit und fähig, den Druck auszuhalten, den Bewerbungen auf eine Professur, aber auch Anträge auf Drittmittel mit sich bringen?**

» **Bin ich, ist mein Partner, meine Familie bereit, für meine Forschungskarriere umzuziehen und auch ins Ausland zu gehen?**

» **Welche Alternativen habe ich jetzt, welche werden mir nach meiner Qualifizierung offenstehen?**

DIE UHR TICKT MIT – DER ZEITLICHE RAHMEN VON DER PROMOTION BIS ZUR PROFESSUR

1-3 Jahre

FRÜHE POSTDOC-PHASE

Position:
» Postdoc
» Wissenschaftlicher Mitarbeiter

Arbeitgeber:
» Universität
» Außeruniversitäre Forschungseinrichtung
» Forschung im Ausland

Schwerpunkt:
» Konsequente Entwicklung des eigenen wissenschaftlichen Profils
» Möglichst viel Zeit gewinnen für eigene Forschung
» Erste eigene Drittmittelanträge
» Eigene Publikationen
» Falls angestrebt, mit der Habilitation beginnen

BEST CASE
Forschungsstipendium oder Eigene Stelle

PROMOTION

SPÄTE POSTDOC-PHASE

Position:
- Habilitation (5-6 Jahre)
- Juniorprofessur (6 Jahre)
- Nachwuchsgruppenleitung (5 Jahre)

Arbeitgeber:
- Universität
- Außeruniversitäre Forschungseinrichtung
- Forschung im Ausland

Schwerpunkt:
- Schärfung des wissenschaftlichen Profils
- Eigenes akademisches Portfolio komplettieren
- Lehrerfahrungen sammeln

In dieser Zeit bereits Bewerbungen auf das Lebensziel:
DIE PROFESSUR

5-6 Jahre

DAS ZIEL:
PROFESSUR

1.2 Das WissZeitVG: Prekäre Beschäftigungsverhältnisse und die Zwölfjahresregel

Verträge in der Wissenschaft meist nach WissZeitVG, seltener nach TzBfg

Verlängerung der Zwölfjahresfrist bei Kinderbetreuung

Zwölfjahresfrist gilt nicht für Drittmittelstellen

Leider sind in der Postdoc-Phase unbefristete Arbeitsverhältnisse die absolute Ausnahme. Normalerweise hangeln sich Nachwuchswissenschaftler von Stelle zu Stelle oder von Projekt zu Projekt. Mal sind es die aus den Grundmitteln einer Einrichtung bezahlten, sogenannten Haushaltsstellen, mal Drittmittelstellen. Damit die Zeit der befristeten Verträge nicht bis zur Rente währt, wurde das Wissenschaftszeitvertragsgesetz (WissZeitVG) geschaffen.

Die Zwölfjahresregel im Wissenschaftszeitvertragsgesetz

Im WissZeitVG ist die Zwölfjahresregel besonders wichtig. Die Idee dahinter ist, dass jede Qualifizierungsstufe nicht länger als sechs Jahre dauern darf. Nichtpromovierte Wissenschaftler dürfen sechs Jahre lang wissenschaftliche Tätigkeiten ausüben, dann aber sollte auch die Promotion abgeschlossen sein. Weitere sechs Jahre haben Sie für die Postdoc-Phase. Aus diesem 6+6-Jahre-Konstrukt ergibt sich die sogenannte Zwölfjahresregel. Nach diesen 12 Jahren der Qualifikation sollen wissenschaftliche Mitarbeiter nur noch unbefristet angestellt oder inzwischen zum Professor aufgestiegen sein.

Das ist ein straffes Programm. Immerhin, wer die sechs Jahre bis zur Promotion nicht ausgeschöpft hat, darf die gesparte Zeit bei der Postdoc-Phase draufschlagen. Sonderregeln gelten für die Medizin, dort darf die Postdoc-Phase auf befristeten Stellen bis zu neun Jahre währen.

Vorteil des WissZeitVG: Erziehungszeiten werden angerechnet

Gegenüber Nachwuchswissenschaftlern mit Kindern unter 18 Jahren ist das WissZeitVG ausgesprochen freundlich. Pro Kind werden noch einmal zwei Jahre zusätzlich gewährt, die Sie in befristeten Arbeitsverhältnissen verbringen können. Sind beide Eltern in der Wissenschaft tätig, dann verlängert sich die Frist bei beiden. Zeiten, die Sie wegen Mutterschutz oder Elternzeit von Ihrer wissenschaftlichen Tätigkeit aussetzen, werden zudem nicht berechnet. Treten Sie nach zwei Jahren Tätigkeit als wissenschaftliche Mitarbeiterin in den Mutterschutz ein, bleiben Ihnen nach der Rückkehr in den Beruf noch immer vier Jahre zuzüglich der zwei zusätzlichen Jahre für die Erziehung eines Kindes.

Aber Vorsicht: Das heißt nur, dass sich die grundsätzliche Frist nach hinten verschoben hat. Eine Verlängerung Ihres Arbeitsvertrags ergibt sich daraus nicht automatisch. Manche Einrichtungen kommen aber in diesem Punkt ihren Angestellten entgegen und verlängern die Verträge um eine bestimmte Zeit.

Sonderfall Drittmittelstelle

Die Zwölfjahresregel trifft allerdings nicht zu, wenn Sie auf einer Drittmittelstelle arbeiten. Denn deren Vertragslaufzeiten werden grundsätzlich mitgezählt. Wenn Sie also nach der Promotion zunächst für zwei Jahre in einem Drittmittelprojekt gearbeitet haben, dann bleiben Ihnen regulär nur noch vier Jahre, die Sie auf einer befristeten Stelle verbringen können.

Sind auch diese vier Jahre vergangen, dürfen Sie nicht mehr auf einer Haushaltsstelle beschäftigt werden. Dennoch haben Sie die Möglichkeit weiterhin in einem Drittmittelprojekt angestellt zu sein, so lange Ihre Stelle zu mehr als der Hälfte aus den Projektmitteln finanziert wird (der Rest darf nach dem WissZeitVG durch Ihre Einrichtung zugeschossen werden). Somit können Sie sich theoretisch also doch von Projekt zu Projekt bis zu Ihrer Rente durchbringen – was angesichts der dauerhaft prekären Stellensituation freilich ein harter Weg ist und wohl überlegt werden sollte.

Reformbedarf beim WissZeitVG

Das WissZeitVG regelt zwar die maximale Dauer befristeter Anstellungen. Über die Länge der einzelnen befristeten Verträge macht es bislang jedoch keine Aussagen. Allerdings hat rund die Hälfte aller befristeten Verträge eine Laufzeit von nicht einmal einem Jahr, manche gelten sogar nur für einen oder zwei Monate.

VERTRÄGE BEZIEHEN SICH AUF EIN GESETZ

Wenn Sie als wissenschaftlicher Mitarbeiter eingestellt werden, dann enthält der Arbeitsvertrag einen Bezug auf ein Gesetz. Das kann das WissZeitVG, in selteneren Fällen aber auch das Teilzeit- und Befristungsgesetz (TzBfG) sein.

Das WissZeitVG gilt nicht für Lehrkräfte für besondere Aufgaben, Lektoren, Fremdsprachenlektoren und andere Angestellte, die überwiegend in der Lehre und nicht wissenschaftlich tätig sind.

www.gesetze-im-internet.de/wisszeitvg
www.gesetze-im-internet.de/tzbfg

Unter diese Prekarisierung des Forscherberufs will die Bundesregierung nun einen Schlussstrich ziehen und das WissZeitVG entsprechend ändern.

Im September 2015 entschied das Bundeskabinett, dass die Vertragslaufzeiten zukünftig entweder der Dauer einer Qualifikationsstufe, also der Promotion oder der Habilitation, entsprechen. Oder im Fall von Drittmittelstellen der Laufzeit des Projekts. Gültig ist diese gesetzliche Neuregelung jedoch noch nicht. Der Bundestag muss zunächst darüber verhandeln und das Gesetz in seine endgültige Form bringen.

Link zur aktuellen Fassung des WissZeitVG:
➽ *www.gesetze-im-internet.de/wisszeitvg*

Das Teilzeit- und Befristungsgesetz

Unter Umständen bezieht sich Ihr Vertrag allerdings nicht auf das WissZeitVG, sondern auf das Teilzeit- und Befristungsgesetz (TzBfG). Dieses kommt zur Anwendung, wenn nur vorübergehend ein Bedarf an Arbeitsleistung besteht, oder besondere Sachgründe vorliegen, wie Vertretungen für Kollegen, die in Elternzeit gehen. Dieses Gesetz gehört zu den allgemeinen Regelungen des Arbeitsrechts und gilt somit nicht nur für die Wissenschaft, sondern für alle Arbeitnehmer. Auch sachgrundlose Befristungen sind nach dem TzBfG zulässig, allerdings nur für maximal zwei Jahre, wenn Sie an einer neuen Einrichtung Ihren ersten Vertrag bekommen.

Deutlich mehr Stellen für wissenschaftliche Mitarbeiter – allerdings befristet

Entsprechend der Statistik zum Personal an den Hochschulen, die das Statistische Bundesamt jährlich erhebt, ist die Zahl der wissenschaftlichen Mitarbeiter in den vergangenen Jahren immens gewachsen. Ihre Zahl stieg von 99.674 im Jahr 2004 auf 150.262 im Jahr 2014 – ein Anstieg um mehr als 50 Prozent. Noch stärker hat sich im gleichen Zeitraum der Anteil der wissenschaftlichen Mitarbeiter entwickelt, die auf einer Drittmittelstelle arbeiten. Waren es im Jahr 2004 noch 33.402 Mitarbeiter, sind es im Jahr 2014 bereit 63.977. Auch wenn die Zahl Wissenschaftlicher Mitarbeiter somit deutlich gestiegen ist, hatte dies keinen Einfluss auf die vertragliche Situation der Mitarbeiter. Im Gegenteil: Der Anteil unbefristeter Stellen ist rapide gesunken. Gab es 2004 noch mehr als 3.000 unbefristete Stellen, waren es 2014 nicht einmal mehr tausend.

WISSENSCHAFTLICHE MITARBEITER AN HOCHSCHULEN IN DEUTSCHLAND - 2014

Quelle: Statistisches Bundesamt

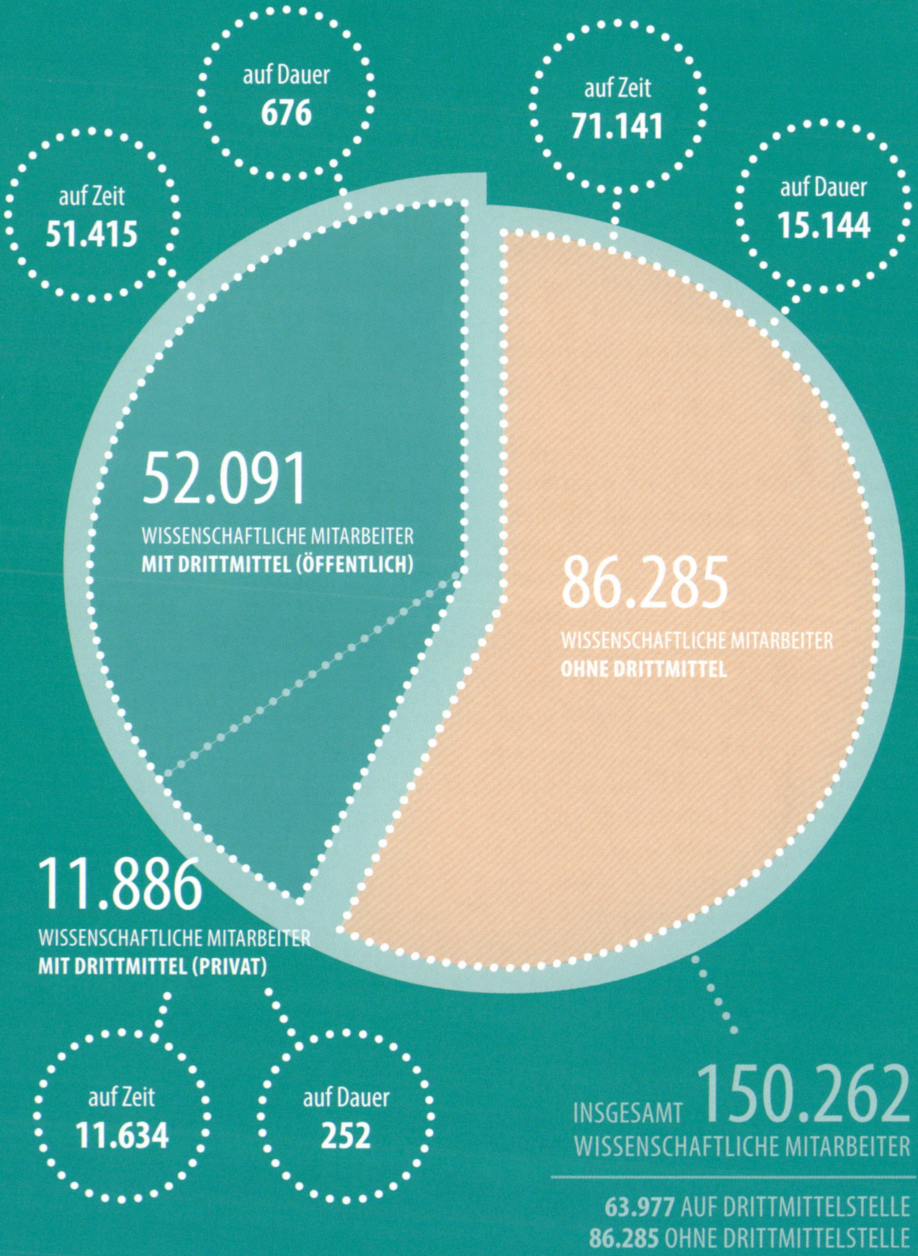

1.3 Vereinbarkeit von Familie und Forschung

Frauen müssen oft Abstriche bei der Forschung machen

Nach WissZeitVG zwei Jahre Verlängerung pro Kind bei befristeten Verträgen

Unterstützung aus dem Team holen

Forschung und Familie unter einen Hut zu bringen, ist ein Drahtseilakt. Für viele Nachwuchsforscher fällt die wissenschaftliche Qualifizierung mit der Familiengründungsphase zusammen. Allerdings ist die Betreuung von kleinen Kindern äußerst zeitintensiv. Gerade in den ersten Lebensjahren werden die Kinder häufig krank, im schulfähigen Alter ergeben sich neue Herausforderungen wie die Organisation der Ferienbetreuung. Besonders Frauen machen deshalb Abstriche im Beruf und fallen von der Karriereleiter. Noch problematischer ist die Situation für Alleinerziehende. Zudem arbeitet der Großteil der Nachwuchswissenschaftler mit befristeten Arbeitsverträgen. Damit stellt sich auch die Frage, ob und unter welchen Bedingungen Sie nach der Geburt Ihres Kindes an Ihren Arbeitsplatz zurückkehren können.

Entgegenkommen von Politik und Arbeitgebern

Diese Probleme sind jedoch mittlerweile hinreichend bekannt. Auf allen Ebenen werden Anstrengungen unternommen, um die Situation für forschende Eltern zu verbessern. So kommt das Wissenschaftszeitvertragsgesetz (WissZeitVG) Eltern mit Kindern unter 18 Jahren sogar entgegen. Die gesetzlich festgelegte Sechsjahresfrist verlängert sich nach der Promotion um zwei Jahre pro Kind (➻ *Kap. 1.2*). Außerdem können werdende Mütter und Väter eine Verlängerung ihres befristeten Arbeitsvertrags für die Dauer der gesetzlichen Mutterschutzzeit und der Elternzeit beantragen.

Forschungsförderung und -programme für Eltern

Auch bei der Forschungsförderung werden forschenden Müttern und Vätern Zugeständnisse gemacht. So enthält das 7. Forschungsrahmenprogramm der EU keine Altersgrenzen und berücksichtigt Eltern- und Mutterschutzzeiten. Die DFG bietet forschungsorientierte Gleichstellungsstandards für ihre Förderpolitik, die die Herausforderungen, die sich forschenden Eltern tagtäglich stellen, kompensieren sollen. Daneben wartet sie mit einem Instrumentenkasten zur Vereinbarkeit von Forschung und Familie auf. In diesem Instrumentenkasten finden sich konkrete Maßnahmen

Familien erfahren zunehmend Unterstützung in der Forschung.

von Einrichtungen wie Väterberatungsstellen und Reisekostenzuschüsse für Nachwuchswissenschaftlerinnen, die ihr Kind mit auf eine Tagung nehmen müssen.

Auch in den Chefetagen von Hochschulen und außeruniversitären Forschungseinrichtungen setzt ein Umdenken ein, das sich allmählich an der Basis bemerkbar macht. Arbeitsverträge enthalten oft flexible Arbeitszeitmodelle, und immer mehr Hochschulen und Forschungseinrichtungen bieten eigene Betreuungsmöglichkeiten inklusive Notfallbetreuung an. Da diese Plätze begrenzt sind, sollten Sie Ihr Kind frühzeitig anmelden.

An den Einrichtungen sind es in der Regel die Gleichstellungsbeauftragten, die ein umfangreiches Beratungsangebot zum Thema Vereinbarkeit von Forschung und Familie bereithalten. Lassen Sie sich schon in der Schwangerschaft beraten, welche Rechte und Möglichkeiten Sie speziell an Ihrer Einrichtung haben.

Organisation der Elternzeit für beide Partner

Wenn Sie ein Kind erwarten, stehen für Sie einige organisatorische Fragen an. Versuchen Sie zunächst, Ihr Forschungsprojekt und Ihre Arbeit so umzugestalten, dass Sie möglichst ohne eine To-Do-Liste in den Mutterschutz (sechs Wochen vor und acht Wochen nach der Geburt) oder als Vater in die Elternzeit gehen. Nutzen Sie ruhig die ersten Monate nach der Geburt Ihres Kindes, es kennenzulernen und sein Heranwachsen intensiv zu begleiten.

Definieren Sie für sich und gemeinsam mit Ihrem Partner, wie Sie die Elternzeit gestalten und wie Sie Betreuungs- und Erwerbsarbeitszeiten verteilen wollen. Überlegen Sie sich auch, inwiefern Sie für Ihre Vorgesetzten und Kollegen während der Elternzeit erreichbar sein und welche Tätigkeiten Sie übernehmen wollen. Bedenken Sie dabei, dass die Betreuung eines Kindes sehr zeitintensiv ist und Sie sich auf mögliche Arbeitszeiten, wie während des Schlafes, nicht verlassen können. Das Mindeste, das Sie während der Elternzeit tun sollten, ist jedoch, den Forschungsstand in Ihrem Gebiet weiter zu verfolgen.

Familienfreundliche Organisation von wissenschaftlicher Arbeit

Wenn Sie nach der Elternzeit wieder in den Beruf zurückkehren, lässt sich die alltägliche wissenschaftliche Arbeit durchaus familienfreundlich organisieren. So können Besprechungen immer während der Kita-Zeiten stattfinden und viele Aufgaben lassen sich auch vom heimischen Computer aus erledigen. Da viele Akademiker keine Kinder haben, sind ihnen die erschwerten Bedingungen für Mütter und Väter oft nicht bewusst, aber sie sind sehr wohl zu Zugeständnissen bereit. Machen Sie Ihre Vorgesetzten und Kollegen deshalb auf Ihre spezifischen Bedürfnisse aufmerksam. Entwickeln Sie Notfallszenarien für den Fall, dass Ihr Kind krank wird und Sie eine nicht aufschiebbare Aufgabe zu erledigen haben. Das ist umso wichtiger, wenn Sie alleinerziehend sind.

Überlegen Sie sich außerdem frühzeitig, welche Tätigkeiten und Arbeitszeitmodelle Ihrer Familiensituation entsprechen und welche sich gar nicht vereinbaren lassen. Gerade Laborarbeiten werden schnell zum Problem – die Experimente folgen einem strengen Protokoll, das eine plötzliche Erkältung Ihres Kindes natürlich nicht vorsieht. Vielleicht können Kollegen diese Arbeiten übernehmen. Gegebenenfalls sollten Sie sich ein verwandtes Forschungsgebiet suchen, in dem der Faktor Zeit eine geringere Rolle spielt. Ohnehin ist es wichtig, dass Sie sich mit Ihrer Forschung methodisch wie auch thematisch breit aufstellen (➻ *Kap. 2.2*) – machen Sie also aus der vermeintlichen Not eine Tugend.

AUDIT FAMILIENGERECHTE HOCHSCHULE

Hochschulen haben die Möglichkeit, sich über das „audit familiengerechte hochschule" als besonders familienfreundlich zertifizieren zu lassen. Eine Übersicht der aktuell zertifizierten Unternehmen, Institutionen und Hochschulen finden Sie hier:

www.beruf-und-familie.de

INSTRUMENTENKASTEN

Die Übersicht zum Instrumentenkasten, dem von der DFG entwickelten forschungsorientierten Gleichstellungsstandard, finden Sie über das frei zugängliche Online-Informationssystem:

www.instrumentenkasten.dfg.de

Finanzielle Aspekte für Wissenschaftler in der Elternzeit

Als finanzielle Unterstützung für die Elternzeit können Angestellte, Beamte und auch Selbstständige das Elterngeld beantragen. Dieses berechnet sich nach dem durchschnittlichen Einkommen der vergangenen zwölf Monate und wird für mindestens zwölf Monate gezahlt. Bis zu 14 Monate sind möglich, wenn Sie und Ihr Partner für je mindestens zwei Monate in Elternzeit gehen oder Sie Ihr Kind allein erziehen. Mit dem ElterngeldPlus haben Sie zusätzlich die Möglichkeit, über einen längeren Zeitraum Elterngeld zu beziehen und zugleich in Teilzeit zu arbeiten, während beispielsweise Ihr Partner die Betreuung übernimmt. Auch Mischformen zwischen Elterngeld und ElterngeldPlus sind möglich.

Wenn Sie ein Stipendium beziehen, haben Sie schlechte Karten beim Elterngeld. Ihr Stipendium gilt nämlich nicht als Erwerbseinkommen, und Sie erhalten grundsätzlich nur den Sockelbetrag von 300 Euro. Nehmen Sie daher mit dem Stipendiengeber Kontakt auf – viele verlängern die Laufzeit des Stipendiums um die Familienzeit.

1.4 Frauen in Forschung und Lehre

Frauen fallen oft während der Postdoc-Phase aus der Wissenschaft

Einstellungswandel spiegelt sich allmählich in Zahlen wider

Jede dritte Berufung geht an eine Frau

Die Zahlen sprechen für sich: Auf 35.687 männlich besetzte Professuren kamen im Jahr 2014 gerade einmal 10.062 Professorinnen. Frauen haben damit in den Spitzenpositionen in der Wissenschaft gerade mal einen Anteil von 22 Prozent, immerhin mit steigender Tendenz. Auf allen Stufen der Karriereleiter haben Wissenschaftlerinnen deutlich schlechtere Chancen auf eine unbefristete Stelle als die männlichen Kollegen. Noch immer ist die gläserne Decke harte Realität im Forschungs- und Bewerbungsalltag, und dass Frauen allein aufgrund ihres Geschlechts benachteiligt werden, kommt leider allzu häufig vor.

Postdoc-Phase oft Barriere für Frauen

Die Postdoc-Phase stellt für Frauen die größte Barriere für eine wissenschaftliche Laufbahn dar. Stammen noch 45 Prozent aller Promotionen von Frauen, so sinkt ihr Anteil bei den Habilitationen auf 27 Prozent. Denn viele Nachwuchswissenschaftlerinnen gründen genau in dieser Zeit eine Familie und stecken beruflich zurück.

Für Frauen, die diese Phase nach der Promotion in der Wissenschaft überstehen, gibt es allerdings gute Nachrichten. Allmählich wird in den Berufungskommissionen umgesetzt, was bereits seit Jahren in den Ausschreibungstexten angekündigt wird: Frauen werden bei gleicher Eignung bevorzugt eingestellt. Wenn es also an die Bewerbung auf Professuren geht, sind die Chancen von Frauen auf eine Berufung etwas größer als die ihrer männlichen Mitbewerber.

Trendwende in der Förderpolitik

Auch Wissenschaftspolitik und Förderprogramme nehmen es mit der Gleichstellung von Mann und Frau deutlich genauer, auch wenn zwischen Anspruch und Wirklichkeit immer noch eine deutliche Lücke klafft. In allen Landeshochschulgesetzen sind Gleichstellungsbeauftragte an den Hochschulen vorgeschrieben, und die meisten Hochschulen wollen mit einem Gleichstellungskonzept die Benachteiligung von Frauen in Forschung und Lehre abmildern. Die DFG hat zudem forschungsorientierte Gleichstellungsstandards formuliert und prüft deren Umsetzung, die großen Forschungsorganisationen wiederum haben sich weiche Quotenziele gesetzt.

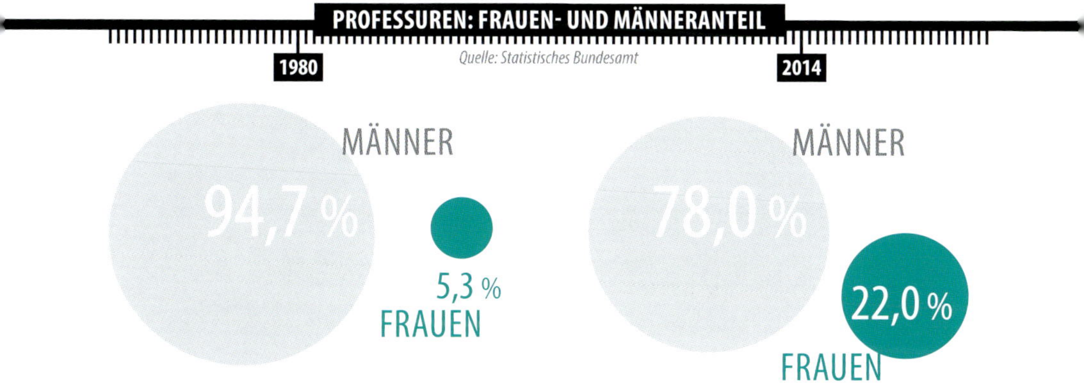

Netzwerke und Förderprogramme für Frauen in der Forschung

Auch wenn sich eine positivere Entwicklung abzeichnet, gilt noch immer besonders für Frauen: Erhöhen Sie Ihre Sichtbarkeit, knüpfen Sie Netzwerke, referieren Sie auf den einschlägigen Konferenzen, bauen Sie eine veritable Literaturliste auf und stehen Sie selbstbewusst zu Ihren wissenschaftlichen Leistungen. Hilfreich für die Karriereplanung sind Mentoring-Programme für Frauen. Allerdings haben Studien auch festgestellt, dass Wissenschaftlerinnen oft von weniger gut vernetzten und reputationsstarken Mentoren betreut werden als ihre männlichen Kollegen.

Eine Reihe von Programmen für Wissenschaftlerinnen geht zudem über das Mentoring hinaus. Das wichtigste unter ihnen ist das Professorinnenprogramm von Bund und Ländern (➼ *www.bmbf.de*). Hochschulen können sich hier mit ihrem Gleichstellungskonzept bewerben und bekommen dann bis zu drei Lehrstühle finanziert, die sie an Frauen vergeben können.

Auch die Bundesländer bieten eigene Förderprogramme für Frauen in der Wissenschaft, wie Baden-Württemberg mit dem Margarete-von-Wrangell-Habilitationsprogramm oder Bayern mit dem Programm „rein in die hörsäle" für Frauen, die sich für eine Fachhochschulprofessur interessieren.

Mentoring-Programme der Forschungseinrichtungen

Mentoring-Programme für Frauen bieten auch die Forschungseinrichtungen an. Die Max-Planck-Gesellschaft fördert im Rahmen des Minerva-Programms darüber hinaus befristete W2-Stellen für Frauen; das Elisabeth-Schiemann-Kolleg unterstützt junge Wissenschaftlerinnen auf dem Weg zur Lebenszeitprofessur. Und bei der Helmholtz-Gemeinschaft richtet sich das W2/W3-Programm an exzellente Nachwuchswissenschaftlerinnen. Die Zahl der geförderten Stellen ist jedoch gering – so ermöglicht das W2/W3-Programm der Helmholtz-Gemeinschaft gerade mal vier Professuren jährlich.

1.5 Dual Career Couples

Forscherpaare geraten in den Fokus der Hochschulen

Spezielle Servicezentren für Dual Career Couples

Förder- und Stipendienprogramme ermöglichen Aufenthalt am gleichen Ort

Dual Career Couples oder auch Forscherpaare sind im akademischen Leben sehr häufig anzutreffen. Zwar kennen beide Partner Freud und Leid des Forscherdaseins und haben vermutlich mehr Verständnis für die Situation des jeweils anderen. Die Belastungen für solche Doppelkarrierepaare sind jedoch nicht zu unterschätzen. Denn das Nomadentum der Wissenschaftler kann auch für Forscherpaare auf Dauer zermürbend sein. Sind Kinder da, lässt sich die Familienarbeit meist nur sehr schlecht teilen, und die Beziehung zu den Kindern kann leiden. Eine Herausforderung für die Arbeitgeber: Allzu oft lehnen Spitzenforscher eine Professur ab, weil sich keine Perspektive für den Partner bietet. Wer die besten Köpfe will, sollte daher auch eine Option für Kind und Kegel in petto haben, so die Erkenntnis.

Unterstützung für Forscherpaare

Eine Reihe von Hochschulen bietet Unterstützungsstrukturen für Forscherpaare, wie zum Beispiel im Rahmen von Servicezentren für Dual Career Couples. Oft sind diese an das Gleichstellungsbüro oder das Welcome Center für internationale Forscher angegliedert. Sie unterstützen die Wissenschaftler bei der Suche nach einem geeigneten Arbeitsplatz und beruflichen Entwicklungsmöglichkeiten für den Partner, aber auch nach einer Wohnung und Kinderbetreuungsmöglichkeiten. Zusammengeschlossen haben sich diese Zentren zum Dual Career Netzwerk Deutschland (➻ *www.dcnd.org*).

Thema schon im Bewerbungsgespräch ansprechen

Bei Bewerbungen sollten Sie sich grundsätzlich informieren, welche Karrierechancen es für Ihren Partner gibt. Sprechen Sie in Bewerbungsgesprächen, gerade bei Professuren, gezielt das Thema Dual Career an. Bereits die frühe Karrierephase bietet Möglichkeiten, als Forscherpaar an einem Ort zu arbeiten. Bei der „Eigenen Stelle" (➻ *Kap. 3.7*) und dem Emmy Noether-Programm der DFG wählen Sie die Einrichtung, an der Sie Ihr Forschungsvorhaben umsetzen wollen, selbst. Stipendienprogramme für Auslandsaufenthalte enthalten oft eine explizite Familienkomponente. Für Partner und Kinder, die Sie ins Ausland begleiten, gibt es dann z. B. zusätzliche Pauschalen.

1.6 Das Gehalt von Wissenschaftlern

Tarife transparent geregelt

Sehr unterschiedliche Vergütungsmodelle in der Wissenschaft

Eines gleich vorweg: Reich werden Sie nicht!

Die Wissenschaft lockt im Vergleich zur Wirtschaft bekanntlich nicht mit einem besonders üppigen Einkommen. Da in der Wissenschaft sowohl Angestellte, Beamte als auch Selbstständige arbeiten, kommen sehr unterschiedliche Vergütungsmodelle zur Anwendung.

TV-L oder TVöD für Angestellte

Das Gehalt von wissenschaftlichen Mitarbeitern – der Regelfall für Postdocs – unterliegt dem hier gültigen Angestelltentarif. An Hochschulen, die den Landesministerien unterstehen, ist dies der Tarifvertrag für den öffentlichen Dienst der Länder (TV-L). An Einrichtungen des Bundes sowie an außeruniversitären Forschungseinrichtungen gilt der Tarifvertrag für den öffentlichen Dienst (TVöD). Postdocs werden in der Regel in der niedrigsten für Wissenschaftler vorgesehenen Einkommensstufe (E 13) eingruppiert (➻ *Kap. 3.5*).

Darüber hinaus gibt es an den Hochschulen beamtenrechtliche Dienstverhältnisse. Im akademischen Mittelbau werden, wenn überhaupt, am ehesten Habilitanden verbeamtet, allerdings meistens auf Zeit. Dafür gibt es die Position des Akademischen Rats, die nach A 13 besoldet wird.

W-Besoldung für Professoren

Der Großteil der Beamten in der Wissenschaft findet sich jedoch unter den Professoren. Diese werden seit 2002 nach der Besoldungsordnung W (für Wissenschaft) vergütet. Juniorprofessoren erhalten ihre Besoldung nach W1 (➻ *Kap. 5.1.6*), Fachhochschulprofessoren meist nach W2 und Universitätsprofessoren entweder nach W2 oder nach W3 (➻ *Kap. 7.2.2*).

Lehraufträge erfolgen freiberuflich

Lehraufträge hingegen werden von Freiberuflern erbracht und – wenn sie nicht gerade unentgeltlich geleistet werden – durch ein zuvor vereinbartes Honorar abgegolten (➻ *Kap. 4.9*). Bezahlt wird pro Unterrichtsstunde nach einem von der Hochschule festgelegten Stundensatz. Darüber hinaus sind zur Finanzierung des eigenen Lebensunterhalts auch Stipendien möglich. Diese fallen oft jedoch geringer aus, als das Gehalt von wissenschaftlichen Mitarbeitern.

1.7 Als Ausländer in Deutschland forschen

Beratungsstellen von Hochschulen und Forschungseinrichtungen nutzen

Einreisebestimmungen beachten, Krankenversicherung abschließen

Ausländer finden in Deutschland oft sehr gute Bedingungen zum Forschen vor. In den meisten Fächern hat sich Englisch als Fachsprache etabliert und vor allem an außeruniversitären Forschungseinrichtungen sind internationale Arbeitsgruppen die Regel. Auch Hochschulen sind einem internationalen Austausch gegenüber sehr aufgeschlossen. Dazu gehört auch die Aufnahme von Forschern aus internationalem Umfeld. Umfangreiche Beratungsangebote erleichtern den Einstieg.

Wie kommt man zum Forschen nach Deutschland?

Ein Forschungsaufenthalt in Deutschland lässt sich auf mehreren Wegen realisieren. Sie können sich auf eine ausgeschriebene Stelle bewerben. Verfügbare Postdoc-Stellen finden Sie auf den Seiten der jeweiligen Fachgesellschaften. Die außeruniversitären Forschungseinrichtungen schreiben Mitarbeiterstellen auch in der internationalen Fachpresse aus. Bei Professuren sind internationale Ausschreibungen die Regel. Das Karriereportal ➻ *www.academics.com* bietet Stellenausschreibungen speziell für englischsprachige Wissenschaftler aller Qualifikationsstufen. Über einen kostenlosen Newsletter werden Sie über die aktuellsten Stellenanzeigen informiert.

Stipendien sind eine weitere Möglichkeit, nach Deutschland zu kommen. Wichtige Förderer sind dabei der DAAD mit einer Reihe von Programmen sowie die Marie-Skłodowska-Curie-Maßnahmen der Europäischen Kommission. Auch die Alexander von Humboldt-Stiftung ist gerade für Postdocs interessant. Diese vergibt etwa 500 Stipendien an überdurchschnittlich qualifizierte Postdocs und erfahrene Wissenschaftler jährlich. Postdocs können so bei einem selbst gewählten Gastgeber in Deutschland für 6 bis 24 Monate an einem eigenen Forschungsvorhaben arbeiten. Die Grundförderung liegt bei monatlich 2.650 Euro, hinzu kommen noch Pauschalen und Zuschläge für mitreisende Famili-

WOHIN MIT MEINEM FORSCHUNGSPROJEKT?

Eine Datenbank mit den deutschen Forschungseinrichtungen finden Sie unter:

www.research-explorer.de

enmitglieder. Auch ein Intensivsprachkurs unmittelbar vor dem Forschungsaufenthalt wird gefördert.

Gerade für Kurzaufenthalte bestehen weitere Finanzierungsmöglichkeiten – beispielsweise im Rahmen internationaler Kooperationsprojekte, die durch die unterschiedlichsten Drittmittelgeber gefördert werden können. Internationale Forscher, die dauerhaft in Deutschland bleiben wollen, können zudem bei allen DFG-Förderprogrammen Anträge stellen.

Einreisebestimmungen

Ein Forschungsaufenthalt im Ausland bedeutet in der Regel einigen bürokratischen Aufwand. Dies betrifft zum einen die Einreiseformalitäten. Kein Einreisevisum benötigen Forscher aus der Europäischen Union, Australien, Island, Israel, Japan, Kanada, Liechtenstein, Neuseeland, Norwegen, der Schweiz, Südkorea und den USA – alle weiteren Ausländer hingegen schon. Für einen Aufenthalt von bis zu drei Monaten ist das Schengen-Visum erforderlich. Wer länger bleiben will, braucht ein Forschervisum, das Sie bei der deutschen Auslandsvertretung (Botschaft oder Generalkonsulat) in Ihrem Land bekommen.

Nach der Einreise benötigen Sie einen Aufenthaltstitel. Ihre Gasteinrichtung unterstützt Sie bei der Beantragung. Außerdem finden Sie in den Welcome Centern der Hochschulen umfangreiche Beratungsangebote für ausländische Akademiker.

HILFREICHE LINKS

Informations- und Beratungsstelle für international mobile Forschende:

www.euraxess.de

Informationsplattform des Bundesministeriums für Bildung und Forschung:

www.research-in-germany.org

Für nicht mit einem Touristenvisum Eingereiste besteht in Deutschland eine Meldepflicht. In diesem Fall müssen Sie sich spätestens bis zwei Wochen nach Ankunft beim Einwohnermeldeamt anmelden und bei Ausreise auch wieder abmelden.

Krankenversicherung

Wer länger als sechs Wochen in Deutschland bleibt, benötigt zum anderen eine Krankenversicherung. Kommen Sie als Stipendiat, können Sie sich zu diesem Thema bei Ihrem Stipendiengeber informieren. Werden Sie an einer Hochschule oder einem Forschungsinstitut angestellt, besteht für Sie nach den deutschen Gesetzen eine Versicherungspflicht in der gesetzlichen Krankenkasse und müssen lediglich eine geeignete Krankenversicherung auswählen; die Anmeldung dort übernimmt Ihr Arbeitgeber. Wenn es für Sie wichtig ist, dass Sie in Ihrer jetzigen Krankenversicherung bleiben, lassen Sie sich im Vorfeld von Ihrem Versicherungsträger beraten.

1.8 Fallnetz für alle Eventualitäten: Plan B für die wissenschaftliche Karriere

Viele Hochqualifizierte konkurrieren um wenige unbefristete Stellen

Alternativpläne entwickeln, die den Ausstieg aus der Wissenschaft erleichtern

Wissenschaftler leben unter prekären Umständen. Bei einem Gehalt, das nicht eben hoch ist, hangeln sie sich oft von einem befristeten Vertrag zum nächsten und versuchen, die nächsthöhere Qualifikationsstufe zu erklimmen.

Eine Professur zu erlangen, erfordert neben harter Arbeit eine ordentliche Portion Glück. Vakanten Professuren stehen etwa dreimal so viele qualifizierte Bewerber gegenüber. Auch die Zahl unbefristeter Mitarbeiterstellen ist nur sehr gering. Das heißt, für etwa zwei Drittel der hoch qualifizierten Forscher geht der Berufswunsch nicht in Erfüllung. Deshalb: Spekulieren Sie nicht auf Ihr Glück, irgendwie in das erfolgreiche Drittel zu rutschen. Überprüfen Sie regelmäßig Ihr Forschungsprofil, überlegen Sie sich aber auch Alternativen zu einer wissenschaftlichen Karriere.

Für Habilitierte stehen anders als für Doktoranden die Chancen, eine adäquate Position außerhalb der Wissenschaft zu finden, vergleichsweise schlecht. Zu alt und hoch qualifiziert haben sie erhebliche Probleme eine Einstiegsposition zu finden. Setzen Sie sich darum eine Frist, um lieber früher als später auszusteigen.

Deshalb ist es sehr wichtig, sich rechtzeitig Gedanken über einen Plan B zu machen. Welcher letztlich für Sie der passende ist, können nur Sie entscheiden. Viele Universitäten haben Career Center und Gründerberatungen eingerichtet, die Ihnen bei der Entscheidungsfindung und bei der Neuorientierung helfen können.

Ideen für den Plan B:

- » Suchen Sie mit Ihrer Forschung Anknüpfungspunkte zur freien Wirtschaft oder in andere Sektoren der Gesellschaft
- » Versuchen Sie, Kontakte außerhalb der Wissenschaft zu knüpfen
- » Prüfen Sie die Möglichkeit der Weiterbildung in einem Bereich, in dem Personal gesucht wird
- » Berufliche Selbstständigkeit kann eine Alternative sein, z.B. ein eigenes Beratungsunternehmen, eine Ausgründung, usw.
- » Tätigkeit im Wissenschaftsmanagement: Dieser Bereich wird immer wichtiger und ist auf Insider, die den wissenschaftlichen Alltag kennen, angewiesen

2.

IMPULSE FÜR ZEIT-, SELBST- UND KARRIEREMANAGEMENT

Hilfestellung von außen

2.1 Voraussetzungen für den guten Ruf

Gestalten Sie Ihr Forschungsprofil planvoll

Netzwerken und Soft Skills – unverzichtbar für die wissenschaftliche Karriere

Sichtbarkeit ist eine der Kardinaltugenden in der Wissenschaft. Wenn man in Ihrem Fach Ihr Forschungsgebiet und Ihren Namen in einem Atemzug nennt, dann ist viel erreicht. Aber wie kommt man auch nur annähernd dahin?

Ein zukunftsfähiges Forschungsthema (➻ *Kap. 2.2*), einschlägige Publikationen (➻ *Kap. 2.3*) und Vorträge auf Fachtagungen (➻ *Kap. 2.4*) sind die eine Seite der Medaille. Gehen Sie dabei auch strategisch vor, denn das Thema prägt auch Ihr nach außen hin erkennbares Forschungsprofil. Außerdem sind Erfolge bei der Drittmittelakquise (➻ *Kap. 2.5*) und internationale Erfahrungen (➻ *Kap. 2.6*) harte Kriterien, mit denen Sie in den Berufungsverfahren punkten können.

EINSCHLÄGIGKEIT

Ihre Berufserfahrung, Ihre Publikationen – alles soll irgendwie „einschlägig" sein. Das heißt nicht, dass Ihr Zeitschriftenbeitrag in der Scientific Community eingeschlagen sein muss wie eine Bombe und Sie die Grundfesten Ihres Fachgebiets neu definiert haben müssen. Vielmehr geht es um eine inhaltliche Passung. Ihre fachlichen Erfahrungen, Publikationen und Ihr Profil sollten genau in den Bereichen liegen, die in der Ausschreibung für eine Stelle vorgegeben sind.

Vernetzt zu mehr Bekanntheit

Die andere Seite der Medaille sind sogenannte Soft Skills und der Draht, den Sie zu Ihren Kollegen aufbauen. Einzelkämpfer haben es in der Wissenschaft oft deutlich schwerer als Forscher, die in verschiedenen Einrichtungen jemanden kennen. Darum gilt: Bauen Sie in der Wissenschaft stetig Ihr Netzwerk aus. Vielen Menschen fallen die ersten Schritte dafür sehr schwer, und doch sollten Sie sie tun.

Mit Fragen zu der Erarbeitung Ihres Forschungsprofils wenden Sie sich zunächst an Ihren Betreuer (➻ *Kap. 2.7*). Gewiss wird er Ihnen einen guten Rat geben und geeignete Kontakte vermitteln können, wenn es darum geht, neue Kooperationen anzubahnen. Auch Mentorenprogramme helfen dabei, die eigenen Ziele herauszuarbeiten und strategisch umzusetzen (➻ *Kap. 2.8*).

Mit Soft Skills zum Erfolg

Vielen Wissenschaftlern treibt die Vorstellung, einen Vortrag halten und danach noch eine Diskussionsrunde bestreiten zu müssen, regelmäßig den Adrenalinspiegel in die Höhe. Auch Führungsqualitäten hat man meist nicht „einfach so". Ein Großteil der Einrichtungen hat inzwischen erkannt, dass Kommunikationstrainings und Rhetorikkurse, Seminare zur Drittmittelakquise sowie auch Schulungen für angehende Führungskräfte nachgefragt werden und eine sinnvolle Ergänzung der fachlichen Fähigkeiten darstellen (➸ *Kap. 2.9*).

Wichtig ist es außerdem, neben der Suche nach Mentoren auch einen guten Kontakt zu Kollegen zu pflegen. Vernetzungsangebote von Hochschulen, Stipendiengebern etc. können dabei helfen (➸ *Kap. 2.10*).

2.2 Das richtige Forschungsthema

Strategische Wahl des Themas – es muss dafür auch Professuren geben

Fachliche Debatten, aber auch Hochschulstrategien berücksichtigen

Dissertationsthema um neue Fragestellungen und Methoden erweitern

Wie finde ich das richtige Forschungsthema? Diese Frage stellen sich nach der Promotion viele Nachwuchswissenschaftler. Mit der Doktorarbeit haben Sie erstmals bewiesen, dass Sie eigenständig wissenschaftlich arbeiten können. Nun geht es darum, Ihr Spezialgebiet neu abzustecken, zu erweitern und damit den Grundstein für Ihre weitere Karriere zu legen.

Ihre Doktorarbeit bildet dabei naturgemäß den Ausgangspunkt, von dem aus Sie sich neue Themengebiete und Methoden erschließen.

Anforderungen an das richtige Forschungsthema

Ihr Thema sollte relevant und zukunftsfähig sein. Zunächst einmal geht es darum, mit Ihrer Forschung neue Erkenntnisse zu gewinnen und Ihre Wissenschaft voranzubringen. Orientieren Sie sich an den aktuellen Debatten in Ihrem Fach und den wissenschaftlichen Perspektiven, die sich daraus ergeben. Beachten Sie außerdem, dass sich abseitige Themen als Sackgasse erweisen können, auch wenn dies nicht immer eintreten muss.

Gibt es einschlägige Professuren zum Thema?

Bedenken Sie, in fünf bis acht Jahren wollen Sie berufbar sein oder im besten Fall schon eine Professur innehaben. Das heißt, es muss möglichst mehrere Professuren geben, auf die Ihr Fachgebiet einschlägig passt und die dann tatsächlich auch ausgeschrieben werden. Zudem müssen Sie aus Sicht der Berufungskommissionen Ihr Fach in Gänze vertreten können – thematisch, gleichzeitig aber auch methodisch. Es geht darum, in den nächsten Jahren Ihr Forschungsgebiet strategisch um die Fragestellungen und Methoden zu ergänzen, die Sie noch nicht abgedeckt haben.

Zukunftskonzepte relevanter Hochschulen beachten

Hilfreich ist es außerdem, sich über die Zukunftskonzepte von für Sie relevanten Hochschulen und Fakultäten zu informieren. Oft bestehen auch Zielvereinbarungen mit den Wissenschaftsministerien. Ohnehin sind es diese Einrichtungen, die über die Vergabe von Professuren entscheiden,

Das richtige Forschungsthema legt den Grundstein für die Wissenschaftskarriere.

und im besten Fall finden Sie mit Ihrer Forschung viele Anknüpfungspunkte an die dortigen Gegebenheiten.

Auch Förderprogramme der öffentlichen Hand prüfen

Die öffentliche Hand wiederum hat ein Interesse daran, gesellschaftliche Herausforderungen mithilfe von Forschung zu bewältigen, und richtet entsprechend ihre Förderpolitik aus. Wirtschaftliche Unternehmen versuchen durch Forschung und Innovationen konkurrenzfähig zu bleiben. Dementsprechend haben bestimmte Forschungsthemen im wahrsten Sinne des Wortes Konjunktur und werden häufiger finanziert als andere.

Forschungsprofil mit Mentoren erörtern

Welches Thema Sie so sehr reizt, dass Sie damit mehrere Jahre verbringen und dafür auch die Leiden des Forscherdaseins in Kauf nehmen wollen, können nur Sie allein entscheiden. Besprechen Sie sich aber unbedingt mit Dritten über das von Ihnen angestrebte Forschungsprofil, sei es mit Freunden und Kollegen, vor allem aber mit Mentoren aus Ihrem Fach. Seien Sie durchaus mutig und selbstbewusst, wenn Sie einen originellen Ansatz haben, aber reflektieren Sie immer auch Ihren Stand in der Scientific Community, denn ohne Rückhalt ist es schwer, in der Wissenschaft zu bestehen.

2.3 Publikationen

Publikationstätigkeit strategisch angehen

Eigenständigkeit erarbeiten

Inzwischen gilt eher das Prinzip: Klasse statt Masse

Publikationen sind der sichtbarste Ausweis Ihres Forscherprofils. Sie präsentieren darin mit den Ergebnissen Ihrer Arbeit auch Ihre fachliche Kompetenz, und je öfter Sie mit Ihren Publikationen zitiert werden, umso besser. Ebenso wie Ihr Forschungsprofil allgemein sollten Sie Ihre Publikationstätigkeit strategisch und planvoll angehen. Ihre Veröffentlichungen sollten die Breite Ihrer Forschungsthemen abdecken.

In der frühen Postdoc-Phase, wenn es in Ihrem neuen Themengebiet noch nicht so viele Ergebnisse gibt, können Sie zunächst Artikel zu offen gebliebenen Fragen aus Ihrer Dissertation veröffentlichen. Mit der Zeit aber sollten Sie sich bei Ihren Veröffentlichungen von Ihrem Betreuer lösen. Die Postdoc-Phase dient dazu, dass Sie sich wissenschaftliche Eigenständigkeit erarbeiten. Das gilt auch für Ihre Publikationen: Mehr und mehr sollten Sie entweder als alleiniger Autor erscheinen oder, wenn in Ihrem Fach Gemeinschaftsarbeiten üblich sind, als Erst-Autor oder als Letztautor fungieren. Überlegen Sie, mit wem Sie gemeinsam publizieren wollen, und bahnen Sie diese Kooperationen frühzeitig an.

ZUSÄTZLICHE EINNAHMEN FÜR PUBLIKATIONEN

In den seltensten Fällen gibt es Honorare für Veröffentlichungen in einer Zeitschrift. Trotzdem können Sie sich Ihre Arbeit zumindest ein wenig vergolden lassen, indem Sie sich bei der Verwertungsgemeinschaft Wort (***www.vgwort.de***) anmelden. Bibliotheken und Copyshops führen an die VG Wort Gebühren ab, die dann je nach Veröffentlichung auf die Mitglieder verteilt werden.

Wie gehe ich bei einer Veröffentlichung vor?

Um ein Paper zu veröffentlichen, suchen Sie sich zunächst eine Zeitschrift, bei der Sie Ihren Beitrag unterbringen wollen. Zwar sind die statistischen Verfahren, mit denen Rankings für wissenschaftliche Journale erstellt werden, durchaus kritikwürdig, dennoch sind Rankings oft bedeutend für die Karriereverläufe von Wissenschaftlern. Beginnen Sie also zunächst mit einer Zeitschrift mit hohem Impact-Faktor; Abstriche können Sie bei Ablehnung später immer noch machen. Der Impact-Faktor spiegelt die Häufigkeit von Zitierungen aus dieser Zeitschrift und damit deren Wichtigkeit wider. Beachten Sie, dass er sich von Fach zu Fach unterscheidet. Sie finden ihn in Datenbanken wie dem Web of Science.

Auf der Webseite der von Ihnen anvisierten Zeitschrift sollten Sie auch die Hinweise für Autoren recherchieren. Dort erfahren Sie die Vorgaben für Format und Umfang Ihres Manuskripts oder Ihres Abstracts, die Sie unbedingt einhalten sollten. Zudem erhalten Sie Hinweise zum Entscheidungs- und Begutachtungsverfahren und dessen Dauer. Erst wenn Sie die jeweiligen Vorgaben kennen, sollten Sie mit dem Schreiben beginnen. Beachten Sie: Eine Publikation zu verfassen, nimmt viel Zeit in Anspruch. Deshalb sollten Sie sich die Gliederung und den Argumentationsweg vorab überlegen und nicht einfach drauflos schreiben. Verfahren wie Mindmapping können dabei sehr hilfreich sein.

Die renommierten Zeitschriften nutzen für die Begutachtung Ihres Beitrags sogenannte Peer-Review-Verfahren. Hierbei wird Ihr Paper, sollten die Herausgeber es als veröffentlichungswürdig einstufen, oft ohne Hinweis auf Ihre Person an zwei Gutachter gegeben, die auch für Sie anonym bleiben. Diese beurteilen, ob Ihr Paper in dieser oder einer überarbeiteten Form veröffentlicht werden kann. Als Autor erhalten Sie auf jeden Fall eine ausführliche Begründung der Entscheidung.

Wenn Sie eine Monografie oder aber einen Sammelband veröffentlichen wollen, müssen Sie zunächst einen passenden Verlag suchen. Beachten Sie ebenfalls die Hinweise für Autoren auf dessen Webseite, oder informieren Sie sich bei einem geeigneten Ansprechpartner, wie Sie genau vorgehen sollten. Sie können entweder ein komplettes Manuskript einsenden, aber auch eine aussagekräftige Kurzdarstellung des geplanten Werks mitsamt Gliederung, Einleitung und/oder einem ausgewählten Kapitel. Fügen Sie außerdem Angaben zu Ihrer Person und Ihrem wissenschaftlichen Werdegang bei. Bei einem Sammelband benötigen Sie natürlich auch Angaben zu den anderen Autoren. Gerade bei solchen größeren Publikationen ist es empfehlenswert, sich über die Vorgehensweise mit einem Mentor zu beraten.

Fachspezifische Veröffentlichungskulturen

Hinsichtlich der Veröffentlichungen gibt es unterschiedliche Fächerkulturen. So ist es zum Beispiel in den Geisteswissenschaften sehr wichtig, sich als Herausgeber zu betätigen. Darüber hinaus steigern dort Monografien das fachliche Renommee, insbesondere wenn sie bei einem namhaften Verlag veröffentlicht werden. Hingegen zählen in anderen Fächern, wie den Naturwissenschaften und der Medizin, vor allem die Zeitschriftenbeiträge.

Beachten Sie, dass sich der Umgang mit Veröffentlichungen inzwischen gewandelt hat. Forschungsergebnisse gestückelt zu veröffentlichen, um damit eine lange Publikationsliste zu erlangen, steht nicht mehr so hoch im Kurs wie einst. Stattdessen regiert mehr das Prinzip „Klasse statt Masse". Bei DFG-Anträgen dürfen beispielsweise nur noch die zehn wichtigsten Publikationen eingereicht werden. Versuchen Sie also, lieber wenige Beiträge bei hochrangigen, international angesehenen Zeitschriften mit Peer-Review-Verfahren zu platzieren, als viele Beiträge in die Breite zu streuen. Insbesondere wenn Sie eine kumulative Habilitation planen, zahlen sich Veröffentlichungen bei Zeitschriften mit einem hohen Impact-Faktor bei der Gewichtung Ihrer Arbeiten deutlich aus.

SOLL ICH GUTACHTER WERDEN?

Zeitschriften, die mit Peer-Review-Verfahren arbeiten, brauchen auch Gutachter. Bereits in der Postdoc-Phase können Sie sich als Gutachter betätigen. Ihr Aufwand dafür wird in der Regel nicht vergütet, hat aber mehrere

VORTEILE:

» Tieferer Einblick in die fachlichen Debatten

» Anregungen für die eigene Schreibe

» Eigenständigkeit als Mitglied der Scientific Community

» Kann bei Bewerbungen auf neue Stellen angeführt werden

2.4 Fachliche Präsenz durch Vorträge

Fachveranstaltungen zunächst zum Netzwerken nutzen

Neben fachlicher Qualität ist gute Präsentation entscheidend

Möglichst nicht mehr als drei Vorträge pro Jahr

Konferenzen, Tagungen und Workshops dienen dem direkten fachlichen Austausch und bieten Möglichkeiten, Feedback und Anregungen für die eigene Forschung zu sammeln. Besuchen Sie zunächst regelmäßig Workshops und Konferenzen in Ihrem Fachgebiet und nutzen Sie diese Gelegenheiten für gezieltes Netzwerken. Das funktioniert z. B., wenn Sie möglichst schnell die Rolle als bloßer Zuhörer verlassen und in die Diskussion einsteigen. Signalisieren Sie Ihre Bereitschaft, selbst Vorträge zu halten, und lassen Sie sich auch über Mentoren als Redner empfehlen.

Mit Vorträgen Reputation in der Scientific Community steigern

Mit der Ankündigung zu Konferenzen rufen Fachgesellschaften sowie einschlägige Netzwerke und Vereine mit einem Call for Papers immer auch dazu auf, ein Referat einzureichen. Wenn Sie in diesem Zusammenhang ein Thema vorschlagen, stellen Sie immer auch Bezüge zu den aktuellen Fragestellungen Ihres Faches her. Welche Tagungen und welche Calls for Papers gerade anstehen, ist über die Mitgliederzeitung Ihrer Fachgesellschaft und über den Newsletter, den Sie als Mitglied einer Sektion erhalten, zu erfahren.

Bevor Sie Ihren Vortrag halten, sollten Sie sich vorab mit geeigneten Präsentationstechniken vertraut machen. Verständlichkeit ist das oberste Gebot! Wer gleichzeitig mit einem mitreißenden Vortragsstil punkten kann, bleibt positiv im Gedächtnis. Bereiten Sie sich auch auf kritische Nachfragen vor. Möglicherweise können Sie Ihren Vortrag vor Ihrem Auftritt gemeinsam mit befreundeten Kollegen proben. Versuchen Sie, auch in der internationalen Scientific Community Fuß zu fassen, und halten Sie Vorträge in englischer Sprache. Vielleicht erhalten Sie auch die Gelegenheit, als Moderator oder Kommentator Ihre Fähigkeiten unter Beweis zu stellen. Außerdem gibt es im Rahmen von Forschungsprojekten, die Möglichkeit auch selbst Veranstaltungen zu organisieren.

Achten Sie jedoch auch darauf, sich mit Ihrer Vortragstätigkeit nicht zu verzetteln. Etwa drei Vorträge pro Jahr sind ein gutes Maß, um Sie sichtbar zu machen und Ihnen neben der Vorbereitung dieser Vorträge ausreichend Zeit für eigene Forschungsarbeit und Qualifikation zu lassen.

2.5 Drittmittel einwerben

Forschungssystem zum großen Teil aus Drittmitteln finanziert

Beratung durch Drittmittelbeauftragte an den Hochschulen nutzen

Forschungsleistung braucht Geld, aber die Hochschulen sind – wie die Bundesländer als ihre Geldgeber – knapp bei Kasse. Deshalb sind in den vergangenen Jahrzehnten öffentliche und private Drittmittel immer wichtiger geworden. So wurden 42,3 Prozent der wissenschaftlichen Mitarbeiter mit befristeter Stelle 2013 aus Drittmitteln finanziert. Zehn Jahre zuvor lag der Anteil gerade mal bei einem knappen Drittel.

Erfolg bei Drittmitteleinwerbung punktet im Berufungsverfahren

Entsprechend ist der Erfolg bei Drittmittelanträgen in den Berufungskommissionen zu einem der wichtigsten Auswahlkriterien geworden. Beginnen Sie frühzeitig, für Ihre Forschungsprojekte Drittmittel einzuwerben. Das hat gleich zwei Vorteile: Erstens sammeln Sie wichtige Erfahrung zur Antragstellung, und können damit zweitens unabhängig und weisungsfrei forschen. Ein geeignetes Einsteigerprogramm ist die „Eigene Stelle" bei der DFG (➸ *Kap. 3.7*).

Drittmittel umfassen meist alle Kosten für ein Forschungsprojekt – von der eigenen Stelle und den Mitarbeitern über Sachmittel, Reisen, Publikationen bis hin zur Organisation von Tagungen und Workshops.

Wie stelle ich einen Drittmittelantrag?

Wollen Sie einen eigenen Antrag stellen, wenden Sie sich am besten an die Drittmittelbeauftragten oder die jeweilige Servicestelle für Forschungsförderung an Ihrer Hochschule. Darüber hinaus bieten die meisten Einrichtungen Seminare an, wie man einen Drittmittelantrag schreibt. Wichtige Hinweise finden Sie auch auf der Seite der DFG (➸ *www.dfg.de, Erstantrag)*.

Wo auch immer Sie Ihre Anträge stellen: Beachten Sie die Vorgaben, die die Drittmittelgeber an die Anträge stellen. Überprüfen Sie, ob Sie als Antragsteller alle notwendigen Kriterien erfüllen. Kontrollieren Sie außerdem die Unterlagen vor der Abgabe grundsätzlich auf Vollständigkeit. Einige Fördereinrichtungen sind mitunter sehr streng, wenn es um die Qualität der Anträge geht. So werden beim Starting Grant des European Research Council die eingehenden Anträge hinsichtlich Principal Investigator und des Projektes in drei Gruppen eingeteilt. Antragsteller, die in Gruppe C gelandet sind, dürfen erst zwei Jahre später wieder einen Antrag stellen, die B-Gruppe muss sich nur ein Jahr gedulden. Allein Antragsteller aus Gruppe A dürfen sich sofort neu bewerben.

2.6 Pflichtprogramm für die Karriere: Forschen oder Professorships im Ausland

Internationale Kooperationen begünstigen wissenschaftliche Karriere

Auslandsaufenthalte gehören in der Wissenschaft mittlerweile zum guten Ton. Sie künden davon, dass Sie in der Forschung über den eigenen Tellerrand schauen, den internationalen Forschungsstand kennen, sich bereits mit verschiedenen Wissens- und Wissenschaftskulturen auseinandergesetzt haben und Ihr Netzwerk nicht an den deutschen Landesgrenzen aufhört.

Bessere Karrierechancen durch internationale Kontakte

Wer auf internationale Kooperationen verweisen kann, publiziert mehr und häufiger in den höher gerankten Zeitschriften. Gerade Nachwuchsgruppenleiterprogramme, wie das Emmy Noether-Programm, setzen zudem mehrmonatige Forschungsaufenthalte im Ausland voraus. Auch die Berufungskommissionen für Juniorprofessuren sowie für reguläre Professuren bevorzugen Bewerber mit Auslandserfahrung. Internationalität in der Forschung kann sich also als Karrieremotor erweisen.

Legen Sie den Auslandsaufenthalt möglichst an den Beginn Ihrer wissenschaftlichen Laufbahn. Das hat den Vorteil, dass Sie sehr früh die gewünschten Kontakte knüpfen können. Außerdem ist es dann wahrscheinlicher, dass es keine familiären oder ähnliche Gründe gibt, die Sie von einem Aufenthalt in der Ferne abhalten. Ist ein Auslandsaufenthalt in Ihrem Fall ausgeschlossen, bemühen Sie sich dennoch um internationale Kooperationspartner – sei es für gemeinsame Forschungsprojekte oder Publikationen, sei es im Rahmen von Tagungen und Workshops.

Dabei ist es immer hilfreich, wenn Sie jemanden kennen, der Ihnen Türen öffnen kann. Fragen Sie also Ihre Mentoren, ob sie Sie an geeignete Kooperationspartner weiterempfehlen würden. Auch auf internationalen Fachveranstaltungen können Sie versuchen, einen Aufenthalt an einem Gastinstitut oder eine gemeinsame Kooperation anzubahnen.

Postdoc-Stipendien für Auslandsaufenthalte

Wenn Sie schon eine eigene Finanzierung mitbringen, ist es leichter, an einem Gastinstitut aufgenommen zu werden. Gerade Stipendien für die frühe Postdoc-Phase fördern Auslandsaufenthalte, darunter die Forschungsstipendien der DFG, die Marie-Skłodowska-Curie-Maßnahmen der EU, das DAAD-Postdoc-Programm und das

Feodor Lynen-Stipendium der Alexander von Humboldt-Stiftung (➽ *Kap. 3.6*).

Dazu müssen Sie zunächst mit Ihrem potenziellen Gastgeber Kontakt aufnehmen und ihm mitteilen, dass Sie sich für das jeweilige Programm bewerben und gerne an sein Institut kommen würden. Teilen Sie ihm mit, welches Forschungsvorhaben Sie umsetzen wollen und warum Sie das gerade an diesem Institut tun möchten.

Auch Professorships, das heißt Lehraufenthalte im Ausland, sind eine Möglichkeit, langfristig internationale Kooperationen aufzubauen. Hierfür geeignete Förderprogramme sind die Kurz- und Langzeitdozenturen des DAAD sowie das Mobilitätsprogramm Erasmus+ der EU.

Forschen im Ausland: Aufenthaltsbestimmungen und Krankenversicherung

Wenn Sie ins Ausland gehen, sind die aufenthaltsrechtlichen Bestimmungen Ihres Gastlandes für Forschungs- oder Lehraufenthalte zu beachten. Für eine Tätigkeit in den USA benötigen Sie als EU-Bürger ein Visum. In der Regel unterstützen die US-amerikanischen Universitäten ihre Gäste dabei, dieses Visum zu erhalten. Weiterführende Informationen finden Sie in der Liste hilfreicher Links (➽ *Seite 41*).

Für einen Auslandsaufenthalt innerhalb des Schengen-Raums (EU, Island, Norwegen, Liechtenstein, Schweiz) benötigen EU-Bürger kein Visum. Je nach landesüblicher Regelung müssen Sie sich dennoch beim Einwohnermeldeamt anmelden und eine Freizügigkeitsbescheinigung beantragen. Ihre Gasteinrichtung berät zu den jeweiligen Anforderungen.

Neben den Einreise- und Aufenthaltsbestimmungen sollten Sie sich auch um eine geeignete Krankenversicherung bemühen. Das gilt auch für Forschungsaufenthalte im europäischen Ausland. Inzwischen gibt es auch Angebote für Wissenschaftler, wie zum Beispiel die Gruppenversicherungen beim DAAD oder bei anderen Anbietern.

Rückkehrprogramme erleichtern die Heimkehr

Wer einmal ins Ausland gezogen ist, will den neu gefundenen Lebensmittelpunkt nach Ablauf der Förderung vielleicht nicht wieder aufgeben, vor allem wenn er auch im Gastland beruflich Fuß fassen konnte. Freilich liegt dies nicht im Interesse der öffentlichen Wissenschaftsförderung – Ziel ist ja, den Abzug von Wissen ins Ausland zu bremsen und exzellente Forscher auf Dauer im deutschen Wissenschaftssystem zu halten. Aus diesem Grund gibt es zahlreiche Rückkehrprogramme, die die Forscher bei der Heimkehr unterstützen.

Entsprechend halten Förderorganisationen wie DFG und DAAD für ihre Stipendiaten Rückkehrprogramme bereit. Finanziert werden innerhalb der Programme unter anderem die Reisekosten, um in

Internationale Erfahrungen verbessern die Karrierechancen in der Wissenschaft.

Deutschland an einer Konferenz teilzunehmen und den Kontakt zur hiesigen Wissenschaft zu halten, sowie Zuschüsse zu Umzugskosten und Rückkehrstipendien für maximal sechs Monate, um die Reintegration in das deutsche Wissenschaftssystem zu ermöglichen.

Familienfreundliche Rückkehrstipendien

Die Alexander von Humboldt-Stiftung fördert die Rückkehr von Feodor Lynen-Stipendiaten auf Antrag sogar für zwölf Monate. Gleichzeitig zeichnen sich diese Rückkehrstipendien auch durch Pauschalen für mitreisende Partner und Kinder aus.

HILFREICHE LINKS

Informations- und Beratungsstelle für international mobile Forschende:

www.euraxess.de

Guter Überblick über Rückkehr- und internationale Kooperationsprogramme:

www.gain-network.org

Umfassende Übersicht und Informationen zu Einreisebedingungen

reuter.mit.edu/dfgwiki/Visa

2.7 Erster Ansprechpartner – Der betreuende Professor

Sprechen Sie Vorgesetzte aktiv zu Ihrer Karriereplanung an

Suchen Sie sich Mentoren in Ihrem Fach

Wer eine wissenschaftliche Karriere plant, sollte sich dafür die Erfahrungen und die Expertise anderer zunutze machen. Wenn Sie über Ihr Vorhaben und über die damit verbundenen Probleme sprechen, ist das keine Schwäche. Es bietet aber anderen die Möglichkeit, sich als Unterstützung zu erweisen. Besonders in der Wissenschaft, die durch Netzwerke lebt und in der die Lehrer-Schüler-Beziehung eine besondere und sehr lange Tradition hat, sind Förderer und Mentoren ein Muss. Selbst wenn Sie exzellente Forschungserfolge vorweisen können, ist es ohne Unterstützung Dritter schwierig, eine Wissenschaftskarriere aufzubauen. Das bedeutet: Ohne Netzwerke kommen Sie nicht sehr weit.

Erster Ansprechpartner ist der Professor, in dessen Forschungsprojekt Sie mitarbeiten. Er kennt die fachlichen Gebräuche und Anforderungen und kann Ihnen Orientierung geben, wie in Ihrem Fach eine berufliche Karriere anzugehen ist. Spricht er Sie nicht von sich aus auf Ihre Karrierepläne an – sollten Sie nicht zögern, sich mit Ihren Vorstellungen, Fragen und Zweifeln an ihn zu wenden. Wenn nötig, vereinbaren Sie mit ihm für dieses Gespräch einen Termin. Er kann Ihnen eine Einschätzung und seinen Rat geben, und gegebenenfalls auch weitere Türen öffnen.

Zu Ihrer Doktormutter oder Ihrem Doktorvater sollten Sie die Beziehung fortsetzen und sie oder ihn über Ihre weitere wissenschaftliche Entwicklung auf dem Laufenden halten. Suchen Sie sich außerdem weitere Mentoren und potenzielle Fürsprecher für zukünftige Bewerbungen. Auch ein spezielles Mentorenprogramm kann hilfreich sein (➽ *Kap. 2.8*). Wichtig ist dabei, dass Sie mit Ihrem Mentor fachlich auf einer Wellenlänge sind, er Ihre Arbeit schätzt und Sie auch zwischenmenschlich eine gute Basis haben.

SO KÖNNEN MENTOREN SIE UNTERSTÜTZEN

Rat geben – z. B. bei Forschungsanträgen, beim Publizieren, bei der Karriereplanung

Konkrete Anleitung – z. B. bei der Umsetzung von Forschungsvorhaben, bei Publikationen

Türen öffnen – z. B. durch Empfehlungen bei Fachkollegen, Gutachten

2.8 Mentorenprogramme in der Wissenschaft

Vor allem für Frauen gibt es an vielen Einrichtungen Mentorenprogramme

Programme bieten meist Seminare und Gelegenheiten zum Austausch

Viele Hochschulen und Forschungseinrichtungen haben ihre eigenen Mentorenprogramme. Diese haben meist das Ziel, den Wissenschaftler genau an dem Punkt abzuholen, an dem er gerade steht, und die nächsten Karriereschritte vorzubereiten und anzugehen. Oft sind die Programme auf Frauen ausgerichtet, aber nicht nur. In der Regel dauern die Programme ein Jahr, manche von ihnen sind kostenpflichtig. Sie bewerben sich mit der Darstellung Ihres wissenschaftlichen Werdegangs und Ihrer Motivation, an dem Programm teilzunehmen. Bisweilen können Sie angeben, wen Sie als Mentor gewinnen wollen – das Programm übernimmt die Kontaktaufnahme. Ihr künftiger Mentor muss nicht zwingend ein Mitglied Ihrer Hochschule sein.

Formale Vereinbarung mit Ihrem Mentor

Beide Partner schließen die Mentorenbeziehung mit einer formalen Vereinbarung. Hier werden Ziele und Pflichten, wie die Frequenz des Kontaktes, festgehalten. Weitere Fragen und Themenkomplexe hängen davon ab, wo Sie als Mentee beruflich stehen. Die Programme ermöglichen in der Regel persönliche Treffen zwischen Mentoren und Mentees und den telefonischen oder schriftlichen Austausch. Stimmt die Chemie, kann die Mentorenbeziehung auch über das vereinbarte Jahr hinaus anhalten.

Die Programme werden meist von Seminaren zur Karriere- und Strategieplanung, zur Drittmittelakquise, zum Ablauf von Berufungsverfahren oder zu Führungsfragen begleitet. Für die Mentees gibt es zudem Gelegenheiten zum Austausch; denn auf den Aufbau eines tragfähigen Netzwerks wird großen Wert gelegt.

Ihre Teilnahme am Mentorenprogramm sollten Sie nur dann im Lebenslauf erwähnen, wenn das Programm mit Prestige verbunden ist und als Auszeichnung für die Mentees gilt. Allerdings haben diese Programme oft auch Grenzen: Die Mentorenbeziehung muss mit Leben gefüllt und der Kontakt beiderseitig gepflegt werden. Nicht immer können die renommiertesten Wissenschaftler als Mentoren gewonnen werden. Wollen Sie sich deren Unterstützung sichern, hilft oft nur Vitamin B oder die direkte Ansprache, z. B. auf einer Konferenz.
➸ *www.forum-mentoring.de* bietet eine gute Übersicht zu Postdoc-Programmen.

2.9 Trainings für Soft Skills und überfachliche Fähigkeiten in der Wissenschaft

Ziel: Überfachliche und persönliche Kompetenzentwicklung

Auch Angebote von Verbänden und anderen externen Trägern nutzen

Die Anforderungen an Wissenschaftler sind im Laufe der Zeit immer höher geworden. Nicht nur die Leistungen in Forschung und Lehre zählen – Projekte müssen verwaltet, Veranstaltungen organisiert werden, Mitarbeiter brauchen klare Anweisungen und Orientierung. Und natürlich ist nicht jeder zum Redner geboren, nicht jeder ist sich absolut klar über seine beruflichen Ziele, und nicht jeder kennt die Finessen, die man bei einem Drittmittelantrag beachten muss. Soft Skills und weitere überfachliche Qualitäten sind gefragt.

Seminare schärfen soziale Fähigkeiten

Nehmen Sie sich darum unbedingt Zeit für Seminare, die diese Soft Skills schulen. In der Wissenschaft sind soziale Fähigkeiten von herausragender Bedeutung. Sie müssen sich Netzwerke erschließen, Ihre Forschungsergebnisse überzeugend gegenüber der Fachwelt, aber auch einer fachfremden Öffentlichkeit präsentieren. Übernehmen Sie selbst einen Führungsposten, müssen Sie Mitarbeiter anleiten und allzu oft auch Konflikte schlichten.

Aber auch hinsichtlich anderer überfachlicher Fähigkeiten sind Seminare oft sehr hilfreich. Sie können wichtige Anregungen erhalten, wie Sie Ihre Arbeitsabläufe zeitsparend organisieren oder Ihre Projekte verwalten. Kurzum, Sie können sich eine Menge Verdruss ersparen.

Verbessertes Trainingsangebot der Hochschulen und Forschungsinstitute

Deshalb räumen Hochschulen und Forschungsinstitute der Personalentwicklung ihres wissenschaftlichen Nachwuchses mehr Stellenwert ein als noch vor wenigen Jahren und haben ihre Angebote seitdem deutlich verbessert. Dazu zählen neben den Fachsprachenzentren auch Angebote für die Kompetenzentwicklung in Forschung und Lehre sowie, wenn auch mit geringerer Priorität, für organisatorische, personale und soziale Fähigkeiten. Angehörigen der Einrichtung sind diese Möglichkeiten oftmals gar nicht bekannt. Es lohnt sich deshalb immer, auch auf der Internetseite der eigenen Einrichtung nach den Angeboten für den wissenschaftlichen Nachwuchs zu suchen.

IN DER WISSENSCHAFT GEFRAGTE FÄHIGKEITEN – EINE AUSWAHL

Externe Angebote für die Personalentwicklung

Begabtenförderwerke sind in Sachen Personalentwicklung zwar weitaus aktiver als die großen Wissenschaftseinrichtungen, allerdings legen sie ihren Schwerpunkt vor allem auf Doktoranden; Postdocs haben hier in der Regel das Nachsehen.

Darüber hinaus bieten der Deutsche Hochschulverband (DHV), andere wissenschaftliche Berufsverbände, das Centrum für Hochschulentwicklung (CHE), das Zentrum für Wissenschaftsmanagement in Speyer, die Volkshochschulen sowie etliche private Träger Seminare zur Weiterentwicklung der Soft Skills sowie der persönlichen und überfachlichen Fähigkeiten an.

2.10 Vernetzungsangebote bei Drittmittelgebern und Stipendienprogrammen

Vernetzungsangebote bilden eine Plattform für den interdisziplinären Austausch

Hilfreich besonders für jene, mit wenig Einbindung in institutionelle Abläufe

In der Wissenschaft ist beruflicher Erfolg auch an funktionstüchtige Netzwerke gebunden. Dabei sind nicht nur Mentoren von Bedeutung. Auch der Austausch mit Kollegen, die sich an ähnlichen Punkten ihrer wissenschaftlichen Laufbahn befinden wie Sie, ist wichtig und kann über Durststrecken hinweghelfen. Die berühmt-berüchtigten Seilschaften sind ein Indiz dafür – positiv betrachtet zeigen sie, dass freundschaftliche Bande aus frühen Zeiten wissenschaftlicher Karrieren lange fortbestehen und durchaus berufliche Vorteile verschaffen können.

Zahlreiche Vernetzungsangebote – auch außerhalb der Hochschule

Vernetzungsangebote finden Sie zum Beispiel an Ihrer Hochschule, bei den außeruniversitären Forschungseinrichtungen, bei Drittmittelgebern oder im Rahmen von Stipendienprogrammen. Sie finden hier eine Plattform, wo Sie sich u. a. über Freud und Leid des Wissenschaftlerdaseins austauschen können. Die Initiatoren dieser Angebote wollen sowohl für den fachinternen als auch den interdisziplinären wissenschaftlichen Diskurs Raum bieten. So können aktuelle Forschungsthemen präsentiert und neue Kooperationen angestoßen werden.

GEZIELTE KOMMUNIKATION VIA RESEARCHGATE

ResearchGate ist mit nach eigenen Angaben 7 Millionen Mitgliedern das weltweit größte Forschernetzwerk. Anmelden kann sich jeder, der eine E-Mail-Adresse bei einer wissenschaftlichen Einrichtung hat. Als Mitglied können Sie sich mit Ihren Forschungsbereichen präsentieren, Publikationen hochladen, Forschungsergebnisse oder Fehlversuche dokumentieren und sich natürlich mit Kollegen austauschen. Über spezielle Gruppenfunktionen können Sie zudem an gemeinsamen Dateien arbeiten und von verschiedenen Orten aus ganze Projekte gemeinsam umsetzen.

Beispiele für fächerübergreifende Angebote sind der „Junior Faculty Club" für unabhängige Nachwuchswissenschaftler der Universität Köln, der „E-Club" der FU Berlin, das Netzwerk „Helmholtz & Friends" der Helmholtz-Gemeinschaft und nicht zuletzt das Netzwerk der Alexander von Humboldt-Stiftung mit mehr als 26.000 Mitgliedern. ResearchGate ist eine sehr große Plattform zur Vernetzung von Wissenschaftlern (➻ *Box auf Seite 46*).

Auch innerhalb der Fachbereiche gibt es verschiedene Vernetzungsmöglichkeiten, beispielsweise das JungChemikerForum bei der Gesellschaft Deutscher Chemiker. Die DFG wiederum fördert wissenschaftliche Netzwerke, in denen sich die Nachwuchswissenschaftler ortsübergreifend austauschen und auch an gemeinsamen Publikationen, Forschungsprojekten oder Ausstellungen arbeiten können.

Gerade für Stipendiaten und andere Wissenschaftler, die als Gast an einer Einrichtung forschen, sind Vernetzungsangebote sehr empfehlenswert. Meistens sind sie nur wenig in den institutionellen Alltag ihrer Einrichtung eingebunden. Entsprechend fehlen die Gespräche mit Kollegen während der Teamsitzungen oder in der Kaffeepause und die unzähligen kleinen, aber wichtigen Informationen, die sich daraus ergeben.

DAS AKADEMISCHE PORTFOLIO

All diese Erfahrungen und Fähigkeiten werden von Professoren erwartet oder sind zumindest hilfreich bei Bewerbungen. Erstellen Sie sich ganz im Sinne eines Lebenslaufes Ihr persönliches Portfolio. Aktualisieren Sie es regelmäßig, haken Sie ab, was Sie bereits erreicht haben und überprüfen Sie, wie Sie es vervollständigen können:

FORSCHUNG

- [ ] Forschungsprofil
- [ ] Publikationen
- [ ] Drittmitteleinwerbung
- [ ] Internationale Kooperationen
- [ ] Fachvorträge
- [ ] Wissenschaftspreise
- [ ] Auszeichnungen
- [ ] Stipendien
- [ ] Zusätzliche Qualifikationen (Habilitation, Juniorprofessur, Nachwuchsgruppenleitung)

LEHRE UND BETREUUNG

- [ ] Lehrerfahrungen
- [ ] Betreute Promotionen
- [ ] Betreute Abschlussarbeiten

AKADEMISCHE SELBSTVERWALTUNG

- [ ] Gremienarbeit
- [ ] Führungskompetenzen
- [ ] Wissenschaftsmanagement

3.

ORIENTIERUNG FÜR DIE ZUKUNFT

Die Postdoc-Phase

3.1 Wissenschaftlicher Mitarbeiter – Der Einstieg in die Postdoc-Phase

Frühe Postdoc-Phase dient der Orientierung

Späte Postdoc-Phase als unmittelbare Vorbereitung auf Professur

Die Postdoc-Phase beginnt oft mit einer fachlichen Selbstverortung. Die Promotion ist vollbracht, die Entscheidung für Wissenschaft und akademische Laufbahn grundsätzlich gefällt. Gegebenenfalls läuft Ihr derzeitiger Vertrag als wissenschaftlicher Mitarbeiter gerade aus, und es heißt, möglichst schnell durchzustarten und die Weichen zu stellen für Ihre zukünftige Karriere. Sie sollten sich dabei zunächst über Ihre beruflichen Ziele und über die tatsächlichen Perspektiven, die sich in Ihrem Fach auftun, klar werden.

Beantworten Sie für sich kritisch diese Fragen:

- Bin ich gut aufgestellt für eine wissenschaftliche Karriere?
- Welche Erfahrungen und Fähigkeiten fehlen mir noch? ➻ Akademisches Portfolio auf Seite 48
- Wie ist die Stellensituation in meinem Fach?
- Könnte sich ein Ausstieg aus der Wissenschaft über kurz oder lang als die bessere Alternative herausstellen?

Zeigt nach Prüfung dieser Punkte Ihr persönlicher Kompass noch immer in Richtung Wissenschaft, beginnt für Sie die Postdoc-Phase. Diese wird in zwei Hälften unterteilt: die frühe Phase, die max. drei Jahre dauert und zur Neuaufstellung nach der Promotion dienen soll, und die späte Phase, in der Sie bereits ein hohes Maß an akademischer Selbstständigkeit erlangt haben, gegebenenfalls eine Juniorprofessur oder eine Nachwuchsgruppenleitung übernehmen und zum Endspurt für die Professur ansetzen.

Die meisten starten in die Postdoc-Phase mit einer Stelle als wissenschaftlicher Mitarbeiter. Da diese Stellen befristet sind und der wissenschaftlichen Weiterentwicklung dienen, werden sie auch Qualifikationsstellen genannt. Sie können bspw. an einer Hochschule bei einem Lehrstuhl (➻ *Kap. 3.2*) oder im Rahmen eines Drittmittelprojekts (➻ *Kap. 3.3*) angestellt sein. Attraktive Forschungsbedingungen bieten vor allem außeruniversitäre Einrichtungen (➻ *Kap. 3.4*). Wissenschaftliche Mitarbeiter werden an Universitäten und an außeruniversitären Forschungseinrichtungen nach einem Tarifvertrag für den öffentlichen Dienst bezahlt (➻ *Kap. 3.5*).

Auch in der freien Wirtschaft gibt es für bestimmte Fachgebiete Postdoc-Stellen. Allerdings wird es dort auf Dauer schwer, den intensiven Kontakt zur Wissenschaftswelt zu halten (➸ *Kap. 3.8*).

Ähnlich ist die Situation von Wissenschaftlern, die bei einem Unternehmen promoviert haben und in dieser Zeit vermutlich weniger Kontakt in die universitäre Welt hatten. Eine Ausnahme bilden dabei die Ingenieurwissenschaften – dort werden bevorzugt Professoren berufen, die einschlägige Erfahrungen in der Industrie gesammelt haben. Dasselbe gilt für Wissenschaftler, die eine Fachhochschulprofessur anstreben – Praxiserfahrungen außerhalb der Hochschule sind für FH-Professoren Pflicht, und eine berufsbegleitende oder eine Industriepromotion eine gute Basis für Ihre künftige Karriere (➸ *Kap. 6*).

BEWERBUNGEN AUF EINE POSTDOC-STELLE:

Erfragen Sie bei Institut oder Hochschule, ob es spezielle Vorgaben für Bewerbungen auf Postdoc-Stellen gibt, z. B. in Bezug auf:

- **Bewerbung per Post oder per E-Mail?**
- **Welche Dateiformate, max. Dateigrößen?**
- **Welche Referenzen beifügen?**

Als Postdoc immer im Blick: Das akademische Portfolio

Als wissenschaftlicher Mitarbeiter sollten Sie gezielt an Ihrem akademischen Profil arbeiten. So empfiehlt es sich bei der Bewerbung immer darauf zu achten, dass Sie auf der Stelle neue Fähigkeiten erwerben und Erfahrungen sammeln können. Waren Sie als Doktorand schon stark in die Lehre eingebunden, sollten Sie nun den Schwerpunkt auf Forschung, Publikationen und Fachvorträge legen. Erläutern Sie im Bewerbungsschreiben, wie Ihre beruflichen Pläne aussehen und welche Qualifikationen Sie mit dieser Stelle erlangen wollen.

Versuchen Sie frühzeitig, sich Ihren eigenen Forschungsvorhaben zu widmen und nicht mehr „nur" Dienstleister zu sein. Erfolgen kann dies im Rahmen eines Stipendiums (➻ *Kap. 3.6*) oder auf einer „eigenen Stelle" (➻ *Kap. 3.7*). Beides können Sie nach Abgabe Ihrer Dissertation u. a. bei der DFG beantragen.

Überlegen Sie, ob Sie die Postdoc-Phase im Ausland beginnen wollen. Gerade wenn Sie noch nicht aus familiären oder anderen Gründen an einen bestimmten Ort gebunden sind, ist dies ein idealer Zeitpunkt, um internationale Forschungserfahrungen zu sammeln (➻ *Kap. 2.6*).

Außerdem sollten Sie jetzt planen, wie Sie die für eine Professur benötigten „zusätzlichen wissenschaftlichen Leistungen" erlangen wollen. Das kann beispielsweise auf dem Weg der Habilitation (➻ *Kap. 4*), der Juniorprofessur (➻ *Kap. 5.1*) oder der Nachwuchsgruppenleitung (➻ *Kap. 5.2*) geschehen. In bestimmten Fächern wie den Geisteswissenschaften, Rechtswissenschaften und der Medizin ist die Habilitation noch immer Voraussetzung für die Professur. Befassen Sie sich in diesem Fall schon jetzt intensiv mit der Themen- und Betreuersuche.

Und schließlich: Denken Sie an die Zeit! Innerhalb von fünf bis acht Jahren sollten Sie die Professur möglichst erreicht haben.

POSTDOC ODER WISSENSCHAFTLICHER MITARBEITER?

Mit der einen Stellenanzeige wird ein wissenschaftlicher Mitarbeiter, mit der anderen ein Postdoc gesucht – wo liegt der Unterschied? In den **Postdoc-Stellenanzeigen** wird nach Bewerbern gesucht, die die Promotion abgeschlossen haben und sich weiterqualifizieren wollen. Die Stellen sind meist befristet. Bei Personalabteilungen und in Statistiken tauchen sie dennoch als wissenschaftliche Mitarbeiter auf.

Der **„wissenschaftliche Mitarbeiter"** wiederum ist eine Personalkategorie. Sie umfasst die große Gruppe von wissenschaftlichen Angestellten an einer Einrichtung und ist von den Professoren, den Lehrbeauftragten und vom nichtwissenschaftlichen Personal abzugrenzen. Diese Stellen können befristet sein oder nicht, sie können für Promovierende ausgeschrieben werden oder für Habilitierende – welches Qualifikationsprofil genau gesucht wird, lässt sich im Ausschreibungstext lesen.

3.2 Lehren, Forschen, Verwalten – Als wissenschaftlicher Mitarbeiter auf einer Haushaltsstelle

Unterstützung des Professors bei seinen Tätigkeiten

Gute Einbindung in den Fachbereich

Freiräume schaffen für eigenes Forschungsprofil

Haushaltsstellen sind die Mitarbeiterstellen, die zum Etat eines Professors gehören und die diesem von der Universität im Rahmen von Berufungs- oder Bleibeverhandlungen eingeräumt wurden. Diese Stellen werden über die Universitätsverwaltung öffentlich ausgeschrieben und sind in der Regel über Fachgesellschaften zu finden. Oft steht im Aufgabengebiet der Vermerk, dass auch „Aufgaben zur Erbringung zusätzlicher wissenschaftlicher Leistungen" übertragen werden – hier besteht also die Möglichkeit zu habilitieren oder sich in anderer Form weiter zu qualifizieren.

Haushaltsstellen oft befristet

Oft wird eine Stelle konkret als Promotionsstelle ausgeschrieben und ist für Sie nicht mehr relevant; in anderen Fällen wird die bereits erlangte Qualifikation offengelassen. Für diese meist befristeten Stellen gilt das Wissenschaftszeitvertragsgesetz, das heißt, nach Abschluss der Promotion dürfen Sie diese Stelle regulär nicht länger als sechs Jahre besetzen (➻ *Kap. 1.2*).

Vor- und Nachteile der Haushaltsstelle

Als Mitarbeiter einer Haushaltsstelle sind Sie entsprechend in die Verpflichtungen des Lehrstuhls eingebunden. Es stehen für Sie Lehrveranstaltungen und die Betreuung von Studierenden an. Je nachdem, ob Sie Voll- oder Teilzeit arbeiten, beträgt die Lehrverpflichtung bis zu vier Semesterwochenstunden. Hinzu kommen noch die Forschungsprojekte des Professors mitsamt der Verwaltung von Drittmitteln.

DAS WEISUNGSRECHT EINES PROFESSORS UND SEINE GRENZEN

Professoren sind die fachlichen Vorgesetzten wissenschaftlicher Mitarbeiter. Diese erbringen Dienstleistungen, zu denen die Professoren Anweisungen geben dürfen. Dienstrechtliche Befugnisse haben Professoren hingegen nicht – sie dürfen keine Abmahnungen und auch keine Kündigungen aussprechen. Dieses Recht obliegt allein den Hochschulen.

Der Vorteil dieser Stellen besteht für Sie in der direkten Einbindung in den Fachbereich. Man kennt Sie, und Sie kennen Ihre Kollegen und die institutionellen Abläufe, was in der Regel die Habilitation in diesem Fachbereich erleichtert.

Der Nachteil einer Haushaltsstelle liegt jedoch darin, dass Sie in der Funktion eines Dienstleisters für den Ihnen vorgesetzten Professor oft nicht viel Zeit für Ihre eigene Forschung haben. Sie sollten darum mit Ihrem Professor verbindlich vereinbaren, wie viel Zeit Ihnen für Ihre eigene Forschung zur Verfügung steht. Außerdem sollten Sie unbedingt darauf achten, dass Ihr Forschungs- bzw. Habilitationsthema relativ nah am Forschungsbereich Ihres Professors ist. Zugleich sollte es allerdings nicht deckungsgleich sein – besonders um Ihrer eigenen, nach außen hin erkennbaren Profilbildung willen.

- HAUSHALTSSTELLEN -

PRO:

- Angesehener akademischer Titel
- Direkte Einbindung in einen Lehrstuhl und die Prozesse am Institut
- Erfahrungen in der Lehre
- Verträge laufen meist über mehrere Jahre
- Mögliche Habilitationsstelle

KONTRA:

- Investition von viel Arbeit, Zeit und Geld
- Weisungsgebundene Arbeit
- Weniger Zeit für eigene Forschung
- Zwölfjahresregel nach WissZeitVG

BEFRISTETE DRITTMITTELSTELLEN FÜR WISSENSCHAFTLICHE MITARBEITER AN HOCHSCHULEN

in 2003: **29.939** *in 2013:* **62.772**

WISSENSCHAFTLICHE MITARBEITER AUS GRUNDMITTELN - 2013*

67.739 *befristete* **14.429** *unbefristete*

** Beachten Sie: Die meisten dieser Stellen sind Doktorandenstellen. Ihr Anteil wie auch der der Postdocs wird bisher nicht erhoben. 2010 hat das Statistische Bundesamt eine freiwillige Erhebung zu den Promovierenden gemacht. Nimmt man diese Hochrechnung als Grundlage, dann lag der Anteil der Promovierenden unter den wissenschaftlichen Mitarbeitern an den Universitäten bei etwa 80 Prozent. Quelle: Statistisches Bundesamt*

3.3 Als Postdoc im Drittmittelprojekt

Aufgaben vor allem in der Forschung und Verwaltung des Projekts

Drittmittelstellen unterliegen keiner maximalen Befristung nach WissZeitVG

Auch Drittmittelstellen werden von der Universitätsverwaltung öffentlich ausgeschrieben. Genauso wie die Haushaltsstellen sind sie in der Regel bei den Fachgesellschaften angesiedelt. Sie werden nicht immer als Postdoc-Stelle angeboten. Oft wird aus einem größeren Bewerberpool von Doktoranden und Postdocs ein geeigneter Kandidat bestimmt.

Bei einer Postdoc-Stelle in einem drittmittelfinanzierten Projekt liegt Ihr Arbeitsschwerpunkt vorwiegend auf Forschung und Verwaltung dieses Projekts. Sie haben keine Lehrverpflichtung, und in der Regel legen die Hochschulen großen Wert darauf, dass Sie niemand unter Druck setzt, dennoch Lehrveranstaltungen anzubieten. Wenn Sie dies aus freien Stücken tun, um Lehrerfahrung zu sammeln, wird Sie wohl niemand bremsen, sofern Sie Ihren Verpflichtungen im Projekt nachkommen.

- DRITTMITTELSTELLEN -

PRO:

- Schwerpunkt auf Forschung
- Erfahrungen mit Drittmitteleinwerbung und -verwaltung
- Lehrstuhl- und Institutsnähe
- Zwölfjahresregel gilt nicht

KONTRA:

- Weisungsgebundene Arbeit
- Höherer Verwaltungsaufwand
- Weniger Zeit für eigene Forschung
- Bisweilen Verträge mit sehr kurzer Laufzeit

Auch Drittmittelstellen sollten den Raum bieten, selbst zu forschen und sich weiter zu qualifizieren. Grundsätzlich sollten Sie sich möglichst schnell freischwimmen und eigene Förderanträge zur Finanzierung Ihrer Stelle stellen (➻ *Kap. 3.6 und 3.7*). Drittmittelstellen sind nicht von der Zwölfjahresregel des Wissenschaftszeitvertragsgesetzes betroffen. Stellen, die wenigstens zur Hälfte durch Drittmittel gefördert werden, sind von den Befristungsobergrenzen ausgenommen (➻ *Kap. 1.2*). Sollten Sie aber später auf eine Haushaltsstelle (➻ *Kap. 3.2*) kommen, wird Ihnen die im Drittmittelprojekt verbrachte Zeit dennoch angerechnet.

3.4 Als Postdoc an einer außeruniversitären Forschungseinrichtung

Exzellente Forschungsbedingungen

Institutseigene Stellen, Stipendien und andere Förderprogramme möglich

Arbeit in internationalen Teams

Die außeruniversitären Forschungseinrichtungen, wie zum Beispiel die Fraunhofer-Gesellschaft, die Helmholtz-Gemeinschaft, die Leibniz-Gemeinschaft und die Max-Planck-Gesellschaft können mit äußerst attraktiven Bedingungen im Bereich wissenschaftlicher Forschung punkten und verfügen darüber hinaus, besonders international, über ein sehr gutes Renommee. Es gibt verschiedene Angebote für Mitarbeiterstellen in den entsprechenden Arbeitsgruppen der Institute, aber auch spezielle Förderprogramme für exzellente Forschungsvorhaben.

ZAHL DER POSTDOCS IN AUSSERUNIVERSITÄREN FORSCHUNGSEINRICHTUNGEN - 2014

HELMHOLTZ-GEMEINSCHAFT:
2.715 Postdocs

LEIBNIZ-GEMEINSCHAFT:
2.158 Postdocs

MAX-PLANCK-GESELLSCHAFT:
2.525 Postdocs

Quelle: Gemeinsame Wissenschaftskonferenz; Pakt für Forschung und Innovation, Monitoring-Bericht 2015

Forschungseinrichtungen schreiben grundsätzlich international aus

Anders als an den Hochschulen werden Postdoc-Positionen an außeruniversitären Forschungseinrichtungen grundsätzlich auch international ausgeschrieben. Die Arbeitsgruppen sind hier dementsprechend international zusammengesetzt.

Die Postdoc-Stellen sind für gewöhnlich auf zwei bis drei Jahre befristet. Nicht selten wird Ihnen hier jedoch eine Verlängerung in Aussicht gestellt werden. Allerdings gilt im Rahmen befristeter Verträge grundsätzlich die Zwölfjahresregel des Wissenschaftszeitvertragsgesetzes (WissZeitVG; ➻ *Kap. 1.2*).

Exzellenter wissenschaftlicher Werdegang erwartet

Für eine erfolgreiche Bewerbung, sollten Sie auf einen exzellenten wissenschaftlichen Werdegang verweisen können. Voraussetzung sind eine gute bis sehr gute Promotion und einschlägige Erfahrungen im Fachgebiet; oft wird mindestens eine peer-reviewte internationale Publikation als Erstautor erwartet. Pflicht sind hier außerdem solide Kenntnisse der englischen Sprache, in der die Arbeitsgruppen oft kommunizieren.

Weisungsgebundenes Arbeiten als Dienstleister für Vorgesetzten

Als Postdoc haben Sie im Forschungsinstitut – ebenso wie an einer Universität – den Status eines wissenschaftlichen Mitarbeiters inne. Sie sind in einer Arbeitsgruppe beschäftigt, die ein bestimmtes Forschungsvorhaben umsetzt. Sie handeln dabei weisungsgebunden und erbringen wissenschaftliche Dienstleistungen für den Ihnen vorgesetzten Professor, Arbeits- oder Nachwuchsgruppenleiter.

Neben diesen Mitarbeiterstellen bieten die Dachorganisationen außeruniversitärer Forschungseinrichtungen Förderprogramme für Postdocs, die kürzlich die Promotion abgeschlossen haben. Diese ermöglichen Stipendien (➻ *Kap. 3.6*) oder Angestelltenverhältnisse (➻ *Kap. 3.7*), um ein eigenes Forschungsprojekt anzugehen.

- POSTDOC-STELLEN IN AUSSERUNIVERSITÄREN FORSCHUNGSINSTITUTEN -

PRO:

- Gute Forschungsbedingungen
- Gutes Renommee der Institute
- Internationale Kontakte

KONTRA:

- Weisungsgebundene Arbeit möglich
- Zwölfjahresregel nach WissZeitVG

Beste Forschungsbedingungen mit internationalem Umfeld

Wenn Sie eine Stelle an einem außeruniversitären Forschungsinstitut ergattern, kommen Sie quasi ins gemachte Nest: Denn die Einrichtungen sind durchweg gut ausgestattet, beschäftigen eine Reihe von internationalen Spitzenforschern und sind auch in den Fach-Communities entsprechend gut vernetzt.

Darüber hinaus finden Sie als Nachwuchswissenschaftler an den Einrichtungen in der Regel gute Möglichkeiten zur Weiterentwicklung Ihrer überfachlichen Fähigkeiten, die Sie auf jeden Fall nutzen sollten.

3.5 Das Gehalt von Postdocs und wissenschaftlichen Mitarbeitern

Basis sind die Tarifverträge TVöD (Bundesebene) oder TV-L (Landesebene)

Eingruppierung meist in Entgeltgruppe 13

Die Vergütung von Postdocs als wissenschaftliche Mitarbeiter erfolgt nach den Tarifverträgen des öffentlichen Dienstes. An Hochschulen wird nach dem Tarifvertrag für den öffentlichen Dienst der Länder (TV-L) bezahlt. An außeruniversitären Forschungseinrichtungen wird je nach Finanzierung durch Bund und Länder entweder der Tarifvertrag für den öffentlichen Dienst (TVöD), der für Bund und Kommunen gilt, oder ebenfalls der TV-L zugrunde gelegt. Beide Tarifverträge sind nach dem gleichen Muster gestrickt. Je nach beruflicher Qualifizierung gibt es verschiedene Tarifgruppen.

Einstufung in Entgeltgruppen

Personen mit wissenschaftlicher Ausbildung werden in den Entgeltgruppen E 13 bis E 15 eingestuft – so auch wissenschaftliche Mitarbeiter in der Postdoc-Phase. Wo außerhalb der Forschungslandschaft bereits der Doktortitel für eine höhere Entgeltgruppe spricht, werden Postdocs voraussichtlich zunächst in Entgeltgruppe 13 eingestuft – der Tarifgruppe, die Ihnen vermutlich schon aus Promotionszeiten bekannt sein dürfte. Höhere Entgeltgruppen sind lediglich leitenden Angestellten,

- GEHÄLTER FÜR WISSENSCHAFTLICHE MITARBEITER UND POSTDOCS -

	TVÖD E 13 *	TV-L E 13 **
STUFE 1	3.489,62 €	3.438,28 €
STUFE 2 (nach einem Jahr)	3.870,59 €	3.816,32 €
STUFE 3 (nach drei Jahren)	4.077,52 €	4.019,89 €
STUFE 4 (nach sechs Jahren)	4.479,14 €	4.415,39 €
STUFE 5 (nach zehn Jahren)	5.039,05 €	4.962,10 €

*Quelle: *Bundesministerium des Innern, **Landesamt für Finanzen Rheinland Pfalz*

Die Vergütung wissenschaftlicher Mitarbeiter und Postdocs ist tariflich geregelt.

beispielsweise den Nachwuchs- und Forschungsgruppenleitern, vorbehalten.

Welche Erfahrungsstufe gilt für wen?

In den einzelnen Entgeltgruppen sind Erfahrungsstufen vorgesehen, mit denen das Gehalt nach einem bestimmten Zeitraum steigt. Nach einem Jahr erfolgt der erste Aufstieg in Stufe 2, nach weiteren zwei Jahren erlangen Sie die dritte Stufe, nach weiteren drei Jahren erfolgt der Aufstieg in Stufe 4. Auch Stufe 5 ist möglich, wenn Sie bereits als Doktorand wissenschaftlicher Mitarbeiter waren und zehn Jahre als wissenschaftlicher Mitarbeiter angestellt waren. Generell werden Postdocs in der Regel nicht in der Erfahrungsstufe 1, sondern höher eingestuft – unabhängig davon, ob Sie an dieser Einrichtung bereits promoviert haben oder ob Sie zuvor an einer anderen Einrichtung im In- oder Ausland waren (➸ *siehe Gehaltstabelle auf Seite 58*).

Zulagen für besondere Leistungen sind nicht nur den Professoren vorbehalten, sondern auch für die tariflich beschäftigten wissenschaftlichen Mitarbeiter möglich. Abhängig vom Bundesland, sind diese Leistungsentgelte jedoch mal mehr, mal weniger gebräuchlich.

Hin und wieder wird von Personalabteilungen – ganz im Sinne einer Bleibe- oder Gewinnungszulage – unter Umständen eine vorgezogene Hochstufung auf die nächste Erfahrungsstufe gewährt.

3.6 Ein Weg in die wissenschaftliche Unabhängigkeit: Das Postdoc-Stipendium

Stipendienprogramme für Auslandsaufenthalte und Forschungsprojekte

Viele Hochschulen haben eigene Habilitationsstipendien

Um Ihr wissenschaftliches Profil frühzeitig entwickeln zu können, empfiehlt sich die Bewerbung auf Stipendien. Anders als wissenschaftliche Mitarbeiter arbeiten Stipendiaten nicht weisungsgebunden und haben keine Verpflichtungen gegenüber einer Hochschule oder Einrichtung, sondern können sich ausschließlich auf ihre eigene Forschung und Qualifikation konzentrieren. Studien zufolge erreichen Stipendiaten häufiger die Habilitation als wissenschaftliche Mitarbeiter an einer Uni.

- POSTDOC STIPENDIUM -

PRO:

- Frühe wissenschaftliche Selbstständigkeit
- Schwerpunkt auf Entwicklung Ihres Forschungsprofils
- Arbeit an einer selbst gewählten Einrichtung

KONTRA:

- Schlechtere Einbindung in institutionelle Abläufe an Ihrer Hochschule
- Keine Sozialversicherung

Stipendienprogramme für den wissenschaftlichen Nachwuchs

Es gibt verschiedene Stipendienprogramme für Postdocs. Die einen fördern einen Aufenthalt im Ausland, die anderen die Rückkehr aus dem Ausland, weitere unterstützen wiederum Habilitationsabsichten oder einfach nur ein eigenes Forschungsprojekt. Datenbanken wie der Stipendienlotse des Bundesforschungsministeriums (➻ *www.stipendienlotse.de*) helfen bei der Suche nach einem geeigneten Stipendium im In- und Ausland.

Außerdem können Sie sich an Ihrer Einrichtung vom jeweiligen Beauftragten für den wissenschaftlichen Nachwuchs beraten lassen. Für geeignete Nachwuchswissenschaftler, insbesondere für Frauen, schreiben einige Universitäten Habilitationsstipendien aus.

Die DFG und der DAAD, die wichtigsten Stipendiengeber für Postdocs, fördern Auslandsaufenthalte kurz nach der Promotion. Dafür benötigen Sie die Zusage eines Wissenschaftlers, der Sie an seiner Forschungseinrichtung aufnimmt und Arbeitsmöglichkeiten zur Verfügung stellt. Neben einem Grundbetrag (DAAD: mind. 1.365 Euro, DFG: 1.750 Euro) enthalten die Stipendien, je nach Land noch einen Auslandszuschlag, einen Kaufkraftausgleich und Zuschläge für die mitziehenden Ehegatten und Kinder.

Stipendiaten müssen sich um Sozialversicherung kümmern

Stipendien, die für Forschungszwecke gewährt werden, sind steuerfrei. Gegenüber einer eigenen Stelle (➸ *Kap. 3.7*) haben Stipendien jedoch entscheidendende Nachteile: Es gibt keine Sozialversicherung und somit im Anschluss auch kein Arbeitslosengeld. Wer nach Auslauf des Stipendiums keine Anstellung findet, muss Hartz IV beantragen. Wer ein Kind bekommt, erhält als Elterngeld nur den Sockelbetrag von 300 Euro, denn Stipendien gelten nicht als anrechenbares Einkommen. Viele Stipendiengeber kommen den werdenden Eltern entgegen und verlängern die Förderung.

Zudem müssen sich Stipendiaten überlegen, ob sie sich gesetzlich oder privat krankenversichern wollen – denn beides ist möglich. Wer in die gesetzliche Krankenversicherung geht, sollte sich schon im Vorfeld informieren, welche Bestandteile des Stipendiums zur Berechnung des Beitrags herangezogen werden. So werten einige Versicherungen zweckgebundene Pauschalen wie das „Büchergeld" als beitragspflichtig, andere hingegen nicht. Es besteht auch die Möglichkeit, freiwillig in die gesetzliche Rentenversicherung einzuzahlen. Bevor Sie sich dazu entschließen, sollten Sie sich jedoch unbedingt bei dem für Sie zuständigen Träger der Deutschen Rentenversicherung beraten lassen. Hier werden Sie informiert, ob eine solche Versicherung in Ihrem Fall überhaupt sinnvoll ist und sich positiv auf Ihre Rente auswirkt.

STIPENDIUM UND ANSTELLUNG IN EINEM – DIE INDIVIDUAL FELLOWSHIPS IN DEN MARIE-CURIE-MASSNAHMEN

Auf europäischer Ebene können Postdocs im Rahmen der Marie-Skłodowska-Curie Maßnahmen Stipendien beantragen. Es gibt eine europäische Sparte mit Gasteinrichtungen in der EU und eine globale Sparte. Stipendiaten erhalten an ihrer Gasteinrichtung eine reguläre Anstellung. Sie haben dort einen Mentor, können aber unabhängig und ohne jede weitere Verpflichtung forschen.

Die Individual Fellowships enthalten eine Pauschale für den Lebensunterhalt, eine Mobilitätspauschale und eventuell Familienzuschläge, welche die Gasteinrichtung mit dem Gehalt auszahlt. 2014 wurden 1.072 europäische und 116 globale Fellowships bewilligt.

www.eubuero.de

3.7 Noch ein Weg in die akademische Unabhängigkeit: Eine eigene Stelle

Bewerbung schon nach Abgabe der Dissertation möglich

„Eigene Stelle" ausschließlich für das eigene Forschungsvorhaben gedacht

Außeruniversitäre Forschungseinrichtungen bieten ähnliche Programme

Wer das Berufsziel Professor anstrebt, sollte frühzeitig beginnen, sein eigenes Forschungsprofil herauszuarbeiten. Vor allem die DFG hat mit ihrem Förderprogramm „Eigene Stelle" ein Instrument geschaffen, mit dem Nachwuchswissenschaftler weisungsfrei forschen können. Der Vorteil solcher Stellen ist offensichtlich: Als wissenschaftlicher Mitarbeiter sind Sie nicht mehr überwiegend Dienstleister für einen Professor, sondern können Ihre volle Kraft in Ihr eigenes Forschungsprojekt stecken. Finanziert wird dabei Ihr Gehalt für die Dauer eines Forschungsprojekts. Daneben sind auch Mittel für weiteres Personal und Sachmittel möglich.

Sobald Sie Ihre Dissertation eingereicht haben, können Sie einen Antrag auf eine „Eigene Stelle" bei der DFG stellen. Lassen Sie sich im Vorfeld von der Antragsberatungsstelle Ihrer Einrichtung oder der DFG-Geschäftsstelle beraten. Für Ihr Forschungsvorhaben müssen Sie sich im Anschluss eine geeignete Gasteinrichtung suchen. Achten Sie darauf, dass Sie dort optimale Bedingungen für Ihr Forschungsvorhaben vorfinden. Vielleicht ist ja ein Mentor von Ihnen dort ansässig.

Für den Antrag benötigen Sie eine Arbeitgebererklärung von Ihrer Gasteinrichtung. Damit erklärt sich die betreffende Hochschule bereit, für Sie die Arbeitgeberfunktion zu übernehmen und mit Ihnen einen Arbeitsvertrag abzuschließen. Außerdem sichert sie Ihnen darin zu, weisungsfrei und

- EIGENE STELLE -

PRO:

- Frühe wissenschaftliche Selbstständigkeit
- Schwerpunkt auf Entwicklung Ihres Forschungsprofils
- Arbeit an einer selbst gewählten Einrichtung
- Sozialversicherung

KONTRA:

- Schlechtere Einbindung in institutionelle Abläufe an Ihrer Hochschule
- Keine weiteren Nebentätigkeiten

„EIGENE STELLE" BEI DER DFG - NACH FACHBEREICH

Quelle: DFG-Jahresbericht 2014

ausschließlich an Ihrem Projekt arbeiten zu können. Und dass sie Ihnen Räumlichkeiten und den Zugang zu den nötigen Infrastrukturen zur Verfügung stellt. Nehmen Sie deshalb unbedingt Kontakt mit dem von Ihnen anvisierten Institut auf und klären Sie, ob tatsächlich Räume zur Verfügung stehen. Abrufbar ist eine solche Mustererklärung auf den Seiten der DFG: ➸ *www.dfg.de (Formulare).*

Regulär nur in Vollzeit möglich, Teilzeit nur in Ausnahmefällen

Die „Eigene Stelle" ist regulär eine Vollzeitstelle und als solche zu beantragen. Schließlich geht es darum, dass Sie Ihrem Forschungsvorhaben sämtliche Arbeitskapazitäten widmen. Eine Arbeit in Teilzeit ist grundsätzlich immer nur dann möglich, wenn Sie Ihre Kinder betreuen, Angehörige pflegen müssen oder Sie wegen einer chronischen Krankheit nicht auf einer vollen Stelle arbeiten können. Da die „Eigene Stelle" ausschließlich der Arbeit an dem beantragten Projekt dient, darf eine eventuelle Lehrtätigkeit immer nur außerhalb der Projektarbeitszeit stattfinden.

Ähnliche Frühförderungen bei Helmholtz und Max Planck

Die Helmholtz-Gemeinschaft bietet ein ähnliches Programm. Dieses Postdoktorandenprogramm richtet sich an Personen, kurz vor der bis maximal ein Jahr nach der Promotion. Erfolgreichen Bewerbern winken für die eigene Stelle jährlich bis zu 100.000 Euro, sofern nötig ein technischer Assistent sowie Reisekostenübernahme. Bewerben können Sie sich für das Programm mit einer Antragsskizze bei einem der Helmholtz-Institute. Wird Ihr Vorhaben dort unterstützt, stellen Sie gemeinsam einen vollständigen Antrag bei der Helmholtz-Gemeinschaft ➸ *www.helmholtz.de (Förderprogramme).*

Die Max-Planck-Gesellschaft wiederum ermutigt speziell junge Promovierte, sich mit ihrem eigenen Forschungsvorhaben bei einem Max-Planck-Institut initiativ zu bewerben. Dieses entscheidet dann, ob es den Bewerber grundsätzlich aufnehmen will und ihm für einen festgelegten Zeitraum einen Arbeitsvertrag oder ein Postdoc-Stipendium gewähren kann.

3.9 Stellensituation für Postdocs

Kaum Daten zu den Postdoc-Stellen wissenschaftlicher Forschung

Stellenausschreibungen über Fachgesellschaften und Karriereportal

Zur Postdoc-Phase gibt es bisher kaum verfügbare Zahlen. Nur außeruniversitäre Forschungseinrichtungen erheben die Zahl der Postdocs in ihren Instituten. Von politischer Seite wurde der Handlungsbedarf erkannt, und das Statistische Bundesamt wird künftig auch Daten zum wissenschaftlichen Nachwuchs und damit auch zu Postdoc-Stellen erheben. An den Universitäten jedoch wird bei vielen Stellen offengelassen, ob ein Doktorand oder ein Postdoc die Stelle bekommen soll – die fachliche Eignung des Kandidaten für die Stelle steht hier im Vordergrund. Wer eine Postdoc-Stelle sucht, wird meist über die E-Mail-Verteiler der jeweiligen Fachgesellschaft fündig. Viele Ausschreibungen für Postdoc-Stellen finden Sie auf ➻ *www.academics.de*. Positionen, die nur auf Hochschulseiten ausgeschrieben werden, sind meist reine Formsache – der Kandidat steht hier oft schon fest.

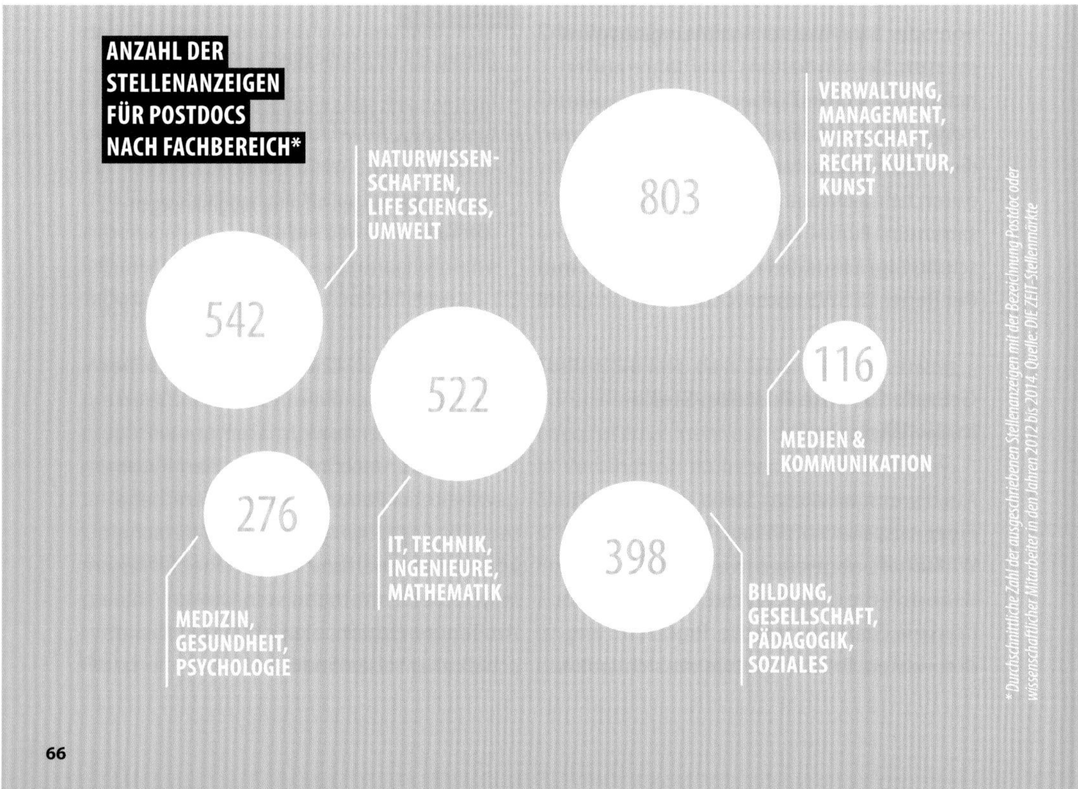

4.

DER KÖNIGSWEG ZUM PROFESSORENTITEL?

Die Habilitation

4.1 Grundsätzliche Überlegungen zur Habilitation

Zahl der Habilitationen ist rückläufig – andere Wege zur Professur möglich

Habilitation in einigen Fächern noch immer Bedingung für eine Professur

Chancen und Sinnhaftigkeit der Habilitation realistisch abschätzen

Die Habilitation ist im deutschsprachigen Raum der klassische Weg zur Professur. Nach der Promotion soll mit ihr die Fähigkeit bewiesen werden, dass man sein Fach sowohl thematisch als auch methodisch beherrscht. Bis 2002 war sie reguläre Voraussetzung für eine Berufung auf einen Lehrstuhl, obgleich schon damals gleichwertige wissenschaftliche Leistungen anerkannt wurden.

Scheitern der Novelle zum Hochschulrahmengesetz

2002 sollte im Rahmen der Novelle zum Hochschulrahmengesetz die Habilitation gänzlich abgeschafft und durch die Juniorprofessur ersetzt werden. Der Grund: Oft viel zu spät erlangten Wissenschaftler den Status wissenschaftlicher Unabhängigkeit. Damit zeigte sich Deutschland im internationalen Vergleich zu wenig wettbewerbsfähig. Allerdings zogen bei dem Vorstoß viele Wissenschaftler und auch einige Bundesländer nicht mit und klagten vor dem Bundesverfassungsgericht. Daraufhin wurde die Novelle gekippt.

Dennoch öffneten die Bundesländer das Professorenamt auch für weitere Qualifikationswege. Die neu ins Leben gerufenen Juniorprofessoren, aber auch Nachwuchsgruppenleiter und andere Wissenschaftler mit vergleichbaren eigenständigen Leistungen können nun ebenfalls zu Professoren berufen werden.

Entsprechend hat die Habilitation in vielen Fächern an Bedeutung verloren. In den Naturwissenschaften zum Beispiel zählen eher tatsächliche wissenschaftliche Leistungen und weniger die formalen Kriterien. In den Ingenieurwissenschaften besetzt man Professuren ohnehin gern mit Bewerbern aus den Forschungs- und Entwicklungsabteilungen großer Unternehmen. Die Zahl der Habilitationen ist darum rückläufig. Nicht so aber in der Humanmedizin: Dort ist die Habilitation noch immer weit verbreitet, denn sie ebnet den Weg zu leitenden Positionen in Krankenhäusern. Und auch in den Geistes- und den Rechtswissenschaften wird bei der Neubesetzung von Professuren oft eine Habilitation erwartet, selbst wenn der Kandidat bereits eine Juniorprofessur bekleidet hat.

Habilitation als Berufsrisiko?

Für viele Habilitierte wird die Zeit nach der Habilitation zur Zerreißprobe. Eine weitere Qualifikation ist nicht mehr möglich, und die Zahl der unbefristeten Stellen für wissenschaftliche Mitarbeiter ist knapp. Nach Schätzungen gibt es nur für jeden Dritten, der für eine Professur qualifiziert ist, tatsächlich eine Anstellung als Professor. Dieser wenig rosigen Aussichten zum Trotz blenden Nachwuchswissenschaftler bei ihrer Habilitationsentscheidung meist aus, dass dieses Unterfangen oft erst mit einem Alter jenseits der 40 abgeschlossen wird. Dann in der freien Wirtschaft Fuß zu fassen, wird schwer. Betroffene sind in den Augen der Arbeitgeber oft zu alt und überqualifiziert; für viele steht der Gang zur Arbeitsagentur an.

Hinterfragen Sie also, noch bevor Sie mit der Habilitationsschrift beginnen, kritisch, welche Konsequenzen dieser Schritt für Sie haben wird. Gehen Sie dabei wie folgt vor:

» *Nehmen Sie sich für die Entscheidung Zeit.*
» *Sprechen Sie mit anderen Menschen über Ihre Habilitationspläne – mit Mentoren und Kollegen ebenso wie mit Ihrem Partner und Freunden.*
» *Holen Sie sich auch Rat von Leuten, die nicht in der Wissenschaft arbeiten.*

Wenn Sie sich für eine Habilitation entscheiden, können Sie sich sowohl über Habilitationsstipendien finanzieren, die zum Beispiel die Hochschulen ausloben. Ebenso können Sie als Juniorprofessor oder auf einer eigenen Stelle habilitieren. Sie können auch eine Stelle als ein auf Zeit verbeamteter Akademischer Rat oder auch als wissenschaftlicher Mitarbeiter annehmen. Der Ihnen vorgesetzte Professor fungiert dann als Ihr Betreuer, und während dieser Tätigkeit arbeiten Sie an Ihrer Habilitationsschrift (➻ *Kap. 4.3*). Das Verfahren zur Habilitation und die zu erbringenden Leistungen werden in der Habilitationsordnung der Fakultät festgelegt (➻ *Kap. 4.2)*.

Beantworten Sie für sich kritisch diese Fragen:

- » Wie stehen die Chancen, in meinem Fach eine Professur zu erhalten?
- » Welche realistischen Aussichten habe ich für andere unbefristete Stellen in der Wissenschaft?
- » Wie realistisch ist es, dass ich mich dauerhaft durch Drittmittelverträge finanziere?
- » Welche Verdienstmöglichkeiten gibt es für mich außerhalb der Wissenschaft?
- » Ist meine Habilitation (vom Thema her, aber auch als Qualifikation) für eine Tätigkeit außerhalb der Wissenschaft eher förderlich oder eher hinderlich?
- » Welche zusätzlichen Qualifikationen erlange ich durch eine Habilitationsstelle?

Monographie oder kumulative Habilitation?

Prüfen Sie zunächst, ob in Ihrem Fach eher eine Monographie oder eine kumulative Habilitation als Habilitationsschrift üblich ist. Vorteil letzterer ist, dass Sie Publikationsleistungen wie Zeitschriftenbeiträge oder Aufsätze, die in der wissenschaftlichen Karriere ohnehin erbracht werden müssen, anstelle der Monographie vorlegen können (➻ *Kap. 4.4*). Nach Abschluss des schriftlichen Teils, müssen Sie das Habilitationsgesuch direkt bei der Fakultät einreichen (➻ *Kap. 4.5*).

Nach erfolgreichem Abschluss des Verfahrens, erhalten Sie die Facultas Docendi, die Lehrbefähigung (➻ *Kap. 4.6*) mit der Habilitationsurkunde. Hingegen ist die Lehrberechtigung (Venia Legendi ➻ *Kap. 4.7*), die Sie zum Privatdozenten macht und mit der Sie Vorlesungen an Ihrer Fakultät halten dürfen, häufig extra zu beantragen. Auch andere europäische Länder wie die Schweiz, Österreich und Tschechien sehen die Habilitation als Voraussetzung für den Professorenposten. Oft bestehen mit einigen dieser Staaten bilaterale Abkommen zur grundsätzlichen Anerkennung der Habilitation (➻ *Kap. 4.10*).

Mit der Habilitation endet die Qualifizierungsphase für die Wissenschaft. Nutzen Sie die Zeit danach für Bewerbungen auf Professuren und zur Verbesserung Ihres akademisches Profiles. Sie sollten jedoch nicht zu lange im prekären Zustand einer Privatdozentur verharren (➻ *Kap. 4.8*).

4.2 Voraussetzungen und Ablauf der Habilitation

Voraussetzungen: Promotion, Lehrerfahrung und Habilitationsschrift

Habilitationsausschuss entscheidet über die Zulassung und alles Weitere

Um zur Habilitation zugelassen zu werden, müssen Sie einen Antrag beim Dekan stellen (➻ *Kap. 4.5*). Im Gegensatz zur Dissertation erfolgt dieser Antrag hier zu einem sehr späten Zeitpunkt, erst dann, wenn der schriftliche Teil bereits abgeschlossen wurde. Welche Voraussetzungen zu erfüllen sind, wird in der Habilitationsordnung der Fakultät festgelegt. Das sind zunächst ein abgeschlossenes Hochschulstudium sowie die Promotion. Hinzu kommen die Habilitationsschrift in Form einer Monografie oder einer kumulativen Habilitation (➻ *Kap. 4.4*) sowie der Nachweis von Lehrtätigkeit. Über den Umfang der Lehrtätigkeit machen Habilitationsordnungen oft keine Aussagen. Die Erfahrungen sollten jedoch nicht allzu lange zurückliegen. Einige Einrichtungen verlangen auch eine Vorprüfung vor der Eröffnung des eigentlichen Habilitationsverfahrens.

Ablauf der Habilitation

Sind Antrag und Habilitationsschrift eingereicht, wird ein Habilitationsausschuss eingesetzt. Dieser entscheidet über die Zulassung zur Habilitation und die Anerkennung der erbrachten Leistungen. Ihm gehören Professoren und ggf. auch Privatdozenten an. An einigen Universitäten gehören auch die Gleichstellungsbeauftragten zu den Mitgliedern des Ausschusses, der unter anderem auch Ihr Habilitationsfach benennt. Je allgemeiner die Benennung ausfällt, desto besser. Denn das Fach erscheint auf Ihrer Habilitationsurkunde und bescheinigt damit die Breite Ihrer wissenschaftlichen Fähigkeiten.

Nach der Zulassung zur Habilitation wird Ihre Habilitationsschrift begutachtet. Häufig wird hier die Expertise externer Gutachter herangezogen. Nach Anschluss des Begutachtungsverfahrens folgt der mündliche Teil, z. B. als Probelehrveranstaltung. Den Abschluss des Verfahrens bildet oft das Habilitationskolloquium – ein öffentlicher Vortrag zum Habilitationsthema.

Gebühren für die Habilitation werden in Deutschland, anders als in Österreich oder der Schweiz, nur selten erhoben. Ist dies dennoch der Fall, sind Kosten von ca. 200 bis 250 Euro einzuplanen. Dies geht u. a. aus der Habilitationsordnung bzw. den Vorgaben an die dem Antrag beizufügenden Unterlagen hervor, wenn hier z. B. ein Einzahlungsbeleg verlangt wird.

HABILITATIONSVERFAHREN

– ein Beispiel

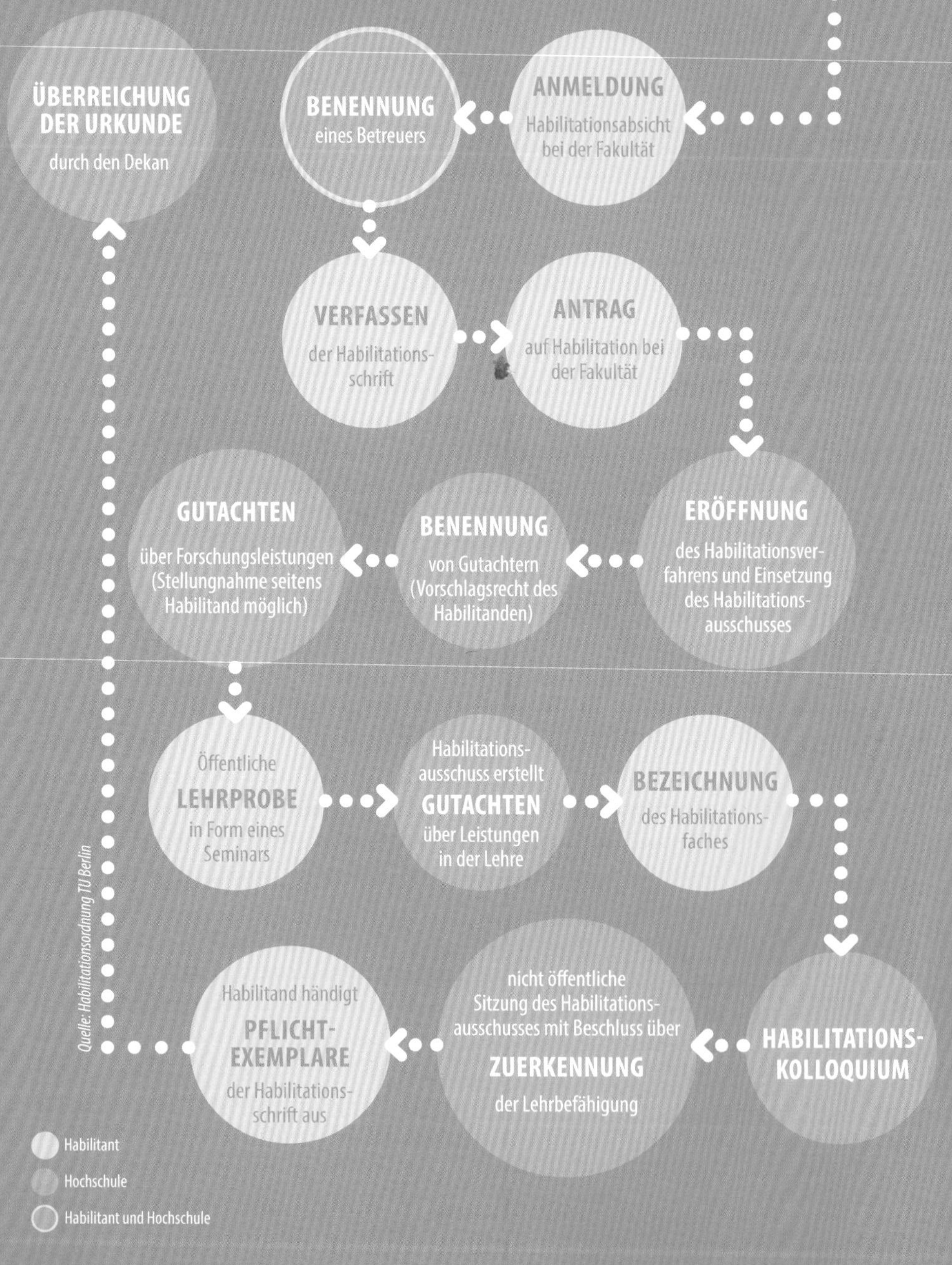

4.3 Einen Betreuer für die Habilitation finden

Betreuer ist nicht immer vorgeschrieben, aber üblich

Renommee des Betreuers gilt als Qualitätskriterium für Habilitation

Obwohl, anders als bei der Promotion, ein Betreuer für die Habilitation nicht immer vorgeschrieben ist, sollten Sie darauf für Ihr Habilitationsprojekt nicht verzichten. Der Betreuer unterstützt Sie und wird bei der Fakultät als Ihr Fürsprecher tätig. Oft handelt es sich dabei um einen Professor des Instituts, an dem Sie tätig sind. Wollen Sie extern an einem anderen Institut habilitieren, ist auch dies möglich.

Früher war es üblich, über eine Assistentenstelle bei einem Professor zu arbeiten, der damit die Rolle des Habilitationsvaters übernahm. Im Laufe dieser Zusammenarbeit wurde die Habilitationsschrift erstellt. Noch immer werden explizit Stellen mit der Möglichkeit zu habilitieren oder „zur Erlangung zusätzlicher wissenschaftlicher Leistungen" ausgeschrieben. Dabei gibt es zwei Möglichkeiten: Entweder wird die Stelle eines Akademischen Rates geschaffen, und Sie werden als Stelleninhaber auf Zeit verbeamtet – mit allen Nachteilen, die damit verbunden sind. Oder Sie arbeiten als angestellter wissenschaftlicher Mitarbeiter bei Ihrem Betreuer.

Die enge Zusammenarbeit hat den Vorteil, dass Sie in die Abläufe des Instituts eingebunden sind. Man kennt sich, und Sie wissen, wie Professoren und Kollegen in Ihrem Fachbereich ticken. Aufgabe des Betreuers ist es, Ihnen für eigenständige Forschung Freiräume zu schaffen, Sie zu fördern und fachlich zu unterstützen sowie seine Fähigkeiten und Erfahrungen in der akademischen Lehre an Sie weiter zu geben. Gerade wenn Sie als Assistent für Ihren Betreuer tätig sind, geraten Ihre eigenen Forschungsabsichten neben der Arbeit für den Lehrstuhl möglicherweise ins Hintertreffen. Darum sollten Sie sich mit Ihrem Betreuer verbindlich über nötige Freiräume abstimmen.

Auch sollten Sie darauf achten, dass zwischen Ihnen und dem Betreuer eine Vertrauensbasis entsteht. Vielleicht können Sie vorab herausfinden, wie viele Habilitationsverfahren er schon begleitet hat und ob es bei früheren Habilitanden Abbrüche oder schwerwiegende Probleme gegeben hat. Darüber hinaus sollte Ihr Betreuer in der wissenschaftlichen Community einen guten Ruf haben – nicht zuletzt als Gütezeichen für die Habilitation. Im besten Fall hat er selbst im Bereich Ihres Habilitationsthemas gearbeitet und kann Ihnen auch inhaltliche Unterstützung bieten.

4.4 Die Habilitationsschrift

Stellenwert von Monografien in manchen Fächern höher

Zeitersparnis durch kumulative Habilitation

Kumulative Habilitation muss Leistungen einer Monografie ebenbürtig sein

Die Habilitationsschrift ist das zentrale Element der Habilitation. Hiermit zeigen Sie, dass Sie Ihr Fach beherrschen und es in Breite und Tiefe seiner Fragestellungen vertreten, die methodischen Ansätze des Faches sicher anwenden und damit einen wichtigen Beitrag für Ihr Fach leisten können. Eine Veröffentlichungspflicht wie bei der Dissertation gibt es nicht; Sie müssen bei Ihrer Fakultät lediglich einige Pflichtexemplare abgeben. Gerade bei Monografien aber legen allein schon die Zeit und die Mühen, die Sie für Ihre Habilitation auf sich nehmen, eine Veröffentlichung bei einem renommierten Verlag nahe (➼ *Kap. 2.3*).

Die klassische Form der Habilitation: Die Monografie

Die Monografie war bis vor wenigen Jahren als Habilitationsschrift der Standard. Deshalb wird die Habilitationsschrift oft auch als „zweites Buch" bezeichnet – das erste in dieser Zählung ist die Dissertation. Ihr Umfang ist größer als bei einer Dissertation. Umfasst letztere in vielen Fächern 200 bis 300 Seiten, bringt es eine Habilitationsschrift auf handfeste 300 bis 800 Seiten – abhängig vom Fach und je nach Thema.

Und während die Dissertation ausschließlich ein einzelnes Thema behandelt, ist die Habilitationsschrift deutlich allgemeiner, denn mit ihr wird ein größerer Themenkomplex mit einem umfassenderen Ansatz bearbeitet.

5 - 6 Jahre

nimmt die Habilitation laut Wissenschaftsrat meist in Anspruch.

Quelle: Wissenschaftsrat

Der Beitrag zum Fach, den die Monografie leistet, soll ein bedeutsamer sein, und entsprechend hoch auch der Zugewinn an Erkenntnissen. Ein gutes Vorbild können da mit Sicherheit die wichtigsten Monografien Ihres Faches sein.

Wenn Sie diese große Veröffentlichung planen, besprechen Sie vorab mit Ihrem Betreuer – in der Regel mit dem Professor, bei dem Sie arbeiten (➼ *Kap. 4.3*) – und auch mit weiteren Mentoren, ob Ihr Vorhaben den Anforderungen einer Habilitation in Ihrem Fach genügt.

Zeit sparen mit der kumulativen Habilitation

Seit Jahren wird innerhalb der Wissenschaftsgemeinde über die Sinnhaftigkeit der Habilitation diskutiert. Die einen halten sie für dringend notwendig, andere sehen sie als altbackenen, zu viel Zeit verschlingenden Ritus. Im Zuge dieser Diskussion wurden die Anforderungen an die Habilitationsschrift aufgeweicht und an die Arbeitssituation der Forschenden angepasst. Die Möglichkeit zur kumulativen Habilitation wurde eröffnet und ist in vielen Fächern inzwischen der Regelfall.

Bei dieser Habilitationsform reichen Sie anstelle einer umfassenden Monografie schon veröffentlichte Aufsätze und Artikel ein. Bedingung ist, dass Forschungswert und Erkenntnisgewinn dieser Publikationen denen einer Monografie gleichkommen. Damit ist die kumulative Habilitation zu einer zeitsparenden Variante zur klassischen Habilitation geworden.

Informieren Sie sich bereits im Vorfeld, ob in Ihrem Fach die kumulative Habilitation vollwertig anerkannt ist oder Ihrem Ansehen eher schaden könnte. Gerade in den Sozialwissenschaften, der Psychologie und den Naturwissenschaften sind kumulative Habilitationen üblich. In der Medizin, wo die Habilitation eine wichtige Qualifikation nicht nur für die Professur, sondern auch für leitende Positionen in Krankenhäusern ist, ist die kumulative Habilitation inzwischen Standard. In anderen Fächergruppen wie den Rechts- und den Geisteswissenschaften haben die kumulativen Habilitationen dagegen ein geringeres Prestige. Entscheidend ist letztlich die Veröffentlichungskultur Ihres Faches – publiziert man neue Forschungsergebnisse eher über Zeitschriftenbeiträge, oder sind es eher ganze Bücher mit dem großen intellektuellen Wurf?

Zu den Anforderungen an kumulative Habilitationen hat jedes Fach und jede Fakultät eigene Gebräuche. In der Regel sollen sich mindestens vier Artikel in Fachzeitschriften oder Sammelbänden mit einem zusammenhängenden Forschungsthema befassen. Dazu müssen Sie ein Vorwort oder ein „Envelope" schreiben, mit dem Sie in das Thema einführen, eine Zusammenfassung geben, den Zusammenhang zwischen den einzelnen Veröffentlichungen aufzeigen sowie Ihren eigenen Beitrag im Fall von Koautorenschaft darstellen.

BEVOR SIE IHRE HABILITATIONSSCHRIFT PLANEN, SOLLTEN SIE FOLGENDES KLÄREN:

- Kumulative Habilitation oder Monografie?
- Renommee von kumulativen Habilitationen in Ihrem Fach prüfen
- Anforderungen seitens der Hochschule checken, Habilitationsordnung besorgen
- Ist das Thema Ihrer Habilitation umfangreich genug für das Fach, in dem Ihnen die Lehrbefähigung erteilt werden soll?
- Welche Ihrer bisherigen Veröffentlichungen kommen für eine kumulative Habilitation infrage?
- Faktor Zeit – Welche Schritte sind notwendig?
- Wie viel Zeit muss ich dafür einplanen?
- Welche anderen Aufgaben habe ich neben der Habilitation?

Kumulative Habilitation: Bewertung nach Punktesystem

Mittlerweile haben die Fakultäten für die kumulative Habilitation ein eigenes Punktesystem entwickelt, in dem es zunächst gar nicht um die eigentliche Veröffentlichungsleistung an sich geht, sondern nur um das Renommee der Zeitschrift oder des Sammelbandes, in dem Sie Ihren Aufsatz veröffentlicht haben. Danach werden die einzelnen Veröffentlichungen mit Punkten bewertet, und Sie müssen eine bestimmte Mindestpunktzahl erreichen, um die Voraussetzungen für die Habilitation zu erfüllen. Hauptautorenschaften werden höher bewertet als Koautorenschaften, Fachzeitschriften mit internationaler Bedeutung fallen stärker ins Gewicht als kleinere Zeitschriften. Auch eingeworbene Drittmittel und Zertifikate zur Hochschullehre fließen bisweilen in die Gesamtpunktzahl mit ein. Wie viele Punkte Sie mindestens erreichen müssen und nach welchem Schlüssel diese verteilt werden, entnehmen Sie ebenfalls der Habilitationsordnung.

4.5 Das Habilitationsgesuch

Antrag auf Zulassung erst nach Verfassen der Habilitationsschrift

Habilitationsordnung regelt, welche Dokumente dem Gesuch beizufügen sind

Das Habilitationsgesuch oder auch der Antrag auf Zulassung zur Habilitation erfolgt zu einem sehr späten Zeitpunkt, erst dann, wenn Sie den schriftlichen Teil bereits abgeschlossen haben. Je nachdem, wie viel Zeit Sie für Ihre eigene Forschung und damit für Ihre Habilitation aufwenden konnten, sind jetzt wahrscheinlich bereits zwei bis fünf Jahre vergangen.

Das Gesuch richten Sie an den Dekan der für Sie zuständigen Fakultät. An manchen Fakultäten müssen Sie zunächst eine Vorprüfung absolvieren, bevor Ihr Habilitationsgesuch offiziell angenommen wird.

Einige Fakultäten verlangen neben einem Führungszeugnis zudem eine Erklärung, dass kein strafrechtliches Verfahren gegen Sie vorliegt. Für das Verfahren müssen Sie einige Zeit kalkulieren. Einige Habilitationsordnungen enthalten Fristen, innerhalb derer das Verfahren eröffnet, Gutachten erbracht und Entscheidungen gefällt werden müssen. Bisweilen gibt es auch einen Habilitationsbeauftragten, der Sie bei der Antragstellung berät. Zwischen Ihrem Antrag auf Zulassung zur Habilitation bis zur Überreichung der Urkunde über die Erlangung der Lehrbefähigung können durchaus ein bis zwei Jahre vergehen.

Welche Unterlagen in Ihren Antrag gehören, entnehmen Sie der entsprechenden Habilitationsordnung Ihrer Fakultät. Oft handelt es sich aber um die folgenden:

Was kommt in das Habilitationsgesuch?

- Habilitationsschrift in mehreren Ausfertigungen
- Nennung des Faches, für das Sie die Lehrbefähigung anstreben
- Verzeichnis der Veröffentlichungen
- Liste gehaltener Lehrveranstaltungen
- Lebenslauf
- Nachweise (Studienabschluss, Promotion)
- Erklärung über frühere Habilitationsgesuche
- 3 Themenvorschläge für Kolloquium und Probelehrveranstaltung (Themen sollten sich deutlich von Habilitationsschrift unterscheiden und sich auf das Fach, in dem Sie die Lehrbefähigung anstreben, beziehen)
- Vorschlag der Gutachter für Ihre Habilitationsschrift, allerdings ohne Anspruch auf Berücksichtigung

4.6 Die Lehrbefähigung – Facultas Docendi

Habilitationsurkunde bescheinigt den akademischen Grad des Dr. habil.

Lehrbefähigung wird für das Habilitationsfach erteilt

Ist das Habilitationsverfahren erfolgreich abgeschlossen, erhalten Sie mit der Habilitationsurkunde die Lehrbefähigung für Ihr Fach. In der Regel verleiht Ihnen die Fakultät hiermit auch den akademischen Grad des habilitierten Doktors (Dr. habil.). Die Lehrbefähigung ist gleichbedeutend mit der „Facultas Docendi". Die lateinische Bezeichnung kommt in den Habilitationsordnungen allerdings nur noch äußerst selten zur Anwendung.

Habilitationskommission entscheidet über die Benennung des Faches

Zentral auf Ihrer Habilitationsurkunde ist die Nennung des Faches, für welches Sie die Lehrbefähigung erhalten. Die Benennung des Faches wird im Vorfeld von der Habilitationskommission festgelegt. In der Regel versucht diese mit Ihnen Einvernehmen herzustellen. Denn spätestens bei Bewerbungen auf Professuren macht es einen Unterschied, ob die Lehrbefähigung z. B. für das Fach „Politische Theorie" oder für die „Politische Theorie der Neuzeit" erteilt wurde. Immerhin können Sie das Habilitationsfach noch einmal ändern lassen, wenn Sie Ihr Fachgebiet erweitern und zu weiteren Forschungsfeldern tätig sind. Allerdings müssen Sie in diesem Fall das gesamte Habilitationsverfahren noch einmal von Beginn an durchlaufen.

41,1 Jahre

war das Durchschnittsalter von Habilitierten im Jahr 2013

Quelle: Statistisches Bundesamt

Lehrbefähigung formale Voraussetzung für die Professur

Mit der Lehrbefähigung wird Ihnen bescheinigt, dass Sie in der Lage sind, selbstständig zu lehren und zu forschen. Damit erfüllen Sie zumindest die formalen Voraussetzungen, um das Amt des Professors zu übernehmen. Eine Berechtigung zur Lehre („Lehrbefugnis") haben Sie damit jedoch noch nicht unbedingt. Häufig muss in einem nächsten Schritt bei der Fakultät diese Lehrbefugnis oder „Venia Legendi" extra beantragt werden (➻ *Kap. 4.7*).

4.7 Die Lehrbefugnis – Venia Legendi

Lehrbefugnis muss meist extra beantragt werden

Privatdozenten sind verpflichtet, regelmäßig Lehrveranstaltungen zu geben

Als Venia Legendi wird die Lehrbefugnis bezeichnt. Man hält Sie damit nicht nur für fähig, Vorlesungen in Ihrem Fach zu halten (➻ *Kap. 4.6*), sondern bescheinigt Ihnen auch, dass Sie dafür von Ihrer Fakultät die Berechtigung erhalten haben.

In mehreren Bundesländern oder Fakultäten muss die Venia Legendi nach Erteilung der Lehrbefähigung extra beantragt werden, anderswo wird sie automatisch verliehen. Bisweilen geschieht dies mit einem feierlichen Akt – Sie halten Ihre Antrittsvorlesung, und im Anschluss überreicht Ihnen der Dekan die Habilitationsurkunde. Hinweise, ob Sie die Venia Legendi erst noch beantragen müssen, finden Sie in der Habilitationsordnung.

Durch Venia Legendi zum Privatdozenten

Träger der Venia Legendi dürfen die Bezeichnung „Privatdozent" führen. Hieran sind allerdings nicht nur Rechte, sondern auch Pflichten gebunden. Privatdozenten sind im Rahmen der „Titellehre" dazu verpflichtet, in ihrem Fach jedes Semester Lehrveranstaltungen zu halten. Kommen Sie dieser Verpflichtung nicht nach, kann Ihnen die Lehrbefugnis sowie das Recht, den Titel „Privatdozent" zu führen, doch noch entzogen werden.

Mit unentgeltlicher Titellehre zu mehr Lehrerfahrung

Die Titellehre von zwei Semesterwochenstunden erfolgt immer unentgeltlich. Eine arbeits- oder dienstrechtliche Stellung an der Hochschule ergibt sich daraus jedoch nicht automatisch.

Grundsätzlich benötigen Sie die „Venia Legendi" für die Bewerbung auf eine Professur nicht – mit der Habilitation haben Sie schon die vom Gesetzgeber verlangten „zusätzlichen wissenschaftlichen Leistungen" erbracht. Als Privatdozent haben Sie natürlich einen ehrenvollen Titel. Zudem vergrößern Sie durch die Titellehre Ihre Erfahrungen in der Lehre und sind, wenn Sie dort nicht ohnehin noch eine Anstellung haben, besser in Ihr Institut eingebunden. Allerdings sollten Sie darauf achten, dass sich Ihr unentgeltliches Engagement als Privatdozent nicht unnötig in die Länge zieht (➻ *Kap. 4.8*).

4.8 Habilitiert – und jetzt? Die Situation von Privatdozenten

Zusätzliche Lehrerfahrung sammeln, Publikationsliste vervollkommnen

Situation der Dozenten ist prekär, alternative Lebensentwürfe entwickeln

Nach der Habilitation stehen viele Wissenschaftler vor der Frage, wie es nun weitergehen soll. Eine weitere Qualifizierung ist nicht möglich, denn die Habilitation ist die höchste akademische Prüfung. Spätestens jetzt beginnt das Bangen um den Erfolg des eingeschlagenen Lebenswegs, und das geflügelte Wort „C4 oder Hartz IV" hat durchaus seine Berechtigung.

Zeit nach Habilitation nutzen

Mit der Habilitation erlangen Sie auch die Möglichkeit, die Lehrbefugnis, die „Venia Legendi" (➻ *Kap. 4.7*) zu beantragen, sofern Sie diese nicht schon zusammen mit der Habilitation erhalten haben. Damit können Sie als Privatdozent (PD) an Hochschulen lehren. Auf diese Weise sammeln Sie zusätzliche Lehrerfahrung. Außerdem sollten Sie – neben den Bewerbungen auf eine Professur – Ihrem Profil in dieser Zeit noch den letzten Schliff geben. Arbeiten Sie an Ihren Veröffentlichungen, schieben Sie noch einen Auslandsaufenthalt ein.

Das Heisenberg-Programm der DFG bietet beste Möglichkeiten, diese Phase kurz vor der Professur zu überbrücken. Das Heisenberg-Stipendium wird an Forscher vergeben, die sämtliche Qualifikationsschritte für die Professur abgeschlossen haben. Sie können damit für maximal fünf Jahre an einer Einrichtung nach Wahl in Deutschland weiter an Ihren Forschungsprojekten arbeiten und damit Ihre Reputation steigern. Eine Tenure-Track-Option bietet die Heisenberg-Professur. Diese Professuren fördert die DFG ebenfalls fünf Jahre lang. Dafür müssen Sie zunächst mit der von Ihnen anvisierten Hochschule ein Strukturentwicklungskonzept erarbeiten, das die Schaffung dieser Professur vorsieht. Die Hochschule muss zudem bereit sein, die Professur nach Ablauf der fünf Jahre zu übernehmen.

Prekäre Verhältnisse als Privatdozent

Regelmäßig berichten die Medien über die prekäre Situation von Privatdozenten, die keine Anstellung an Universitäten erhalten und hoffen, dass das jahrelange Darben in Forschung und Lehre durch eine Professur endlich belohnt wird. Sind Sie nicht zusätzlich auch wissenschaftlicher Mitarbeiter, haben Sie als Privatdozent gegenüber Ihrer Hochschule tatsächlich kaum Rechte, denn Sie stehen nicht in einem arbeits- oder dienstrechtlichen Verhältnis.

Zugleich sind Sie aber zur Titellehre verpflichtet. Das heißt, pro Semester müssen Sie über zwei Semesterwochenstunden unentgeltlich eine Lehrveranstaltung anbieten. Kommen Sie dieser Pflicht nicht nach, kann Ihnen der PD-Titel tatsächlich wieder aberkannt werden. Viele fürchten, dass Ihnen damit auch die Habilitation genommen wird. Das ist jedoch nicht der Fall. Sie dürfen sich dann zwar nicht mehr Privatdozent nennen, sind aber weiterhin habilitiert. Dieser akademische Grad kann Ihnen nur dann aberkannt werden, wenn Sie schwere Regelverstöße gegen die gute Praxis der Wissenschaft begangen haben.

Einige Privatdozenten kommen aus dieser prekären Situation nicht heraus, finanzieren sich über ihren Partner oder über Hartz IV. An diesem Zustand sollten Sie deshalb nicht zu lange festhalten. Stellt sich der gewünschte Erfolg nicht ein und bleibt die Berufung auf einen Lehrstuhl über längere Zeit aus, sollten Sie unbedingt Ihre eigene Position neu bestimmen.

Wenn der Ruf ausbleibt

Wer sich nicht aus der Wissenschaft verabschieden mag, kann versuchen, sich von Drittmittelprojekt zu Drittmittelprojekt zu hangeln. Das ist gewiss kein erfreulicher Weg, denn auf diese Weise sind Sie immer auf den Erfolg Ihrer Anträge angewiesen. Theoretisch ist er aber möglich. Sowohl die DFG sowie die Marie-Curie-Maßnahmen der Europäischen Union machen hier keine Altersbeschränkungen. Die Zwölfjahresregel des Wissenschaftszeitvertragsgesetzes (➸ *Kap. 1.2*) greift außerdem nicht, wenn wissenschaftliche Mitarbeiter überwiegend aus Drittmittelprojekten bezahlt sind.

Denkbar sind auch EU-Förderungen wie die Consolidator Grants (7-12 Jahre nach der Promotion) und unter Umständen auch die Advanced Grants (mindestens 10 Jahre einschlägige Forschungserfahrung), die das European Research Council vergibt.

Wege aus der Wissenschaft

Allzu viele Wissenschaftler sehen den nicht kommen wollenden Ruf als persönliches Scheitern an und leiden unter dieser Situation. Dabei ist nicht zu vergessen, dass es dafür strukturelle Gründe gibt – eine Vielzahl hoch qualifizierter und exzellenter Wissenschaftler konkurriert um wenige Professorenposten. Verlieren Sie in dieser Situation nicht den Mut, und holen Sie sich Rat, zum Beispiel bei den entsprechenden Karriereberatungsstellen an Ihrer Einrichtung oder bei einem Coach.

Besinnen Sie sich rechtzeitig auf Ihren Plan B (➸ *Kap. 1.8*). Nutzen Sie Ihre Kontakte zur freien Wirtschaft, denken Sie aber auch über eine berufliche Selbständigkeit nach. Selbst wenn es nach all den Jahren für Sie kaum vorstellbar sein mag – auch außerhalb der Wissenschaft gibt es Möglichkeiten für ein erfülltes Leben.

4.9 Das Gehalt von Lehrbeauftragten und Privatdozenten

Privatdozenten zur unentgeltlichen Titellehre verpflichtet

Lehrbeauftragte sind freiberuflich für Hochschule tätig

In der Gruppe der Hochschuldozenten, zu der auch die Professoren gehören, sind die Privatdozenten und die Lehrbeauftragten die Billigkräfte. Privatdozenten stehen mit der Hochschule nicht in einem Arbeits- oder Dienstverhältnis. Es ist möglich, dass Sie zugleich wissenschaftliche Mitarbeiter sind und auch als solche bezahlt werden. Genauso ist es jedoch möglich, dass Sie arbeitslos oder für einen anderen Arbeitgeber tätig sind.

Privatdozenten sind jedoch zur sogenannten Titellehre verpflichtet und müssen pro Semester eine Lehrveranstaltung im Umfang von zwei Semesterwochenstunden unentgeltlich anbieten. Nur dann darf der Titel Privatdozent behalten werden. An einigen Universitäten ist es jedoch möglich, dass Privatdozenten auch über die Titellehre hinaus von ihrer Fakultät einen bezahlten Lehrauftrag erhalten.

Lehrbeauftragte wiederum sind nicht an der Hochschule angestellt, sondern Freiberufler, die von der Hochschule den Auftrag erhalten, eine bestimmte Lehrveranstaltung durchzuführen. Wenn sie nicht ebenfalls unentgeltlich geleistet werden, werden diese Lehraufträge durch ein Honorar abgegolten. Für die Hochschulen fallen damit keine Sozialabgaben an. Bezahlt wird pro Unterrichtsstunde à 45 Minuten – inklusive der Vor- und Nachbereitung. Die Stundensätze werden je nach Bundesland von Hochschule oder vom Wissenschaftsministerium festgelegt. In der Regel gibt es je nach Qualifizierung und Arbeitsaufwand drei Abstufungen. Mit 50 bis 55 Euro ist aber selbst der höchste Stundensatz noch vergleichsweise niedrig.

Weil die Tätigkeit als Lehrbeauftragter grundsätzlich freiberuflich erfolgt, benötigen Sie eine Steuernummer vom Finanzamt. Nach § 4 Nr. 21 B UStG sind Sie als Dienstleister mit unmittelbaren Bildungszweck von der Umsatzsteuer befreit, Einkommenssteuer fällt freilich dennoch an.

HONORARE UND STUNDENSÄTZE FÜR LEHRAUFTRÄGE - 2008

AN UNIVERSITÄTEN UND FACHHOCHSCHULEN

Quelle: Deutscher Hochschulverband

4.10 Internationale Regelungen zur Habilitation

Anerkennung im Ausland erworbener Habilitationen durch Umhabilitation

Bilaterale Äquivalenzabkommen sehen gegenseitige Anerkennung vor

Die Habilitation als höchste akademische Prüfung begründet sich in der Tradition europäischer Universitäten und ist kein deutscher Einzelweg. Entsprechend sehen zahlreiche europäische Länder, darunter auch Österreich und die Schweiz, die Habilitation ebenfalls als notwendige Qualifikation für die Professur an.

Sie können sich Ihre Habilitation auch im Ausland anerkennen lassen. Dafür gelten die jeweiligen gesetzlichen Bedingungen des Ziellandes und die Vorgaben, welche die Hochschulen an Habilitierte stellen. Die Anerkennung kann durchaus auch per Umhabilitation (➽ siehe Box auf Seite 85) erfolgen. In Lettland, Litauen, Polen, der Slowakei und Tschechien müssen Sie gar keine weiteren Schritte in die Wege leiten. Denn für diese Länder existieren bilaterale Äquivalenzabkommen, welche die direkte Anerkennung der Habilitationen des jeweils anderen Staates vorsehen. Das bedeutet, dass Sie mit einer deutschen Habilitation grundsätzlich auch zum Professor in diesen Staaten qualifiziert sind.

HILFREICHER LINK

Auf der Seite der Kultusministerkonferenz finden Sie eine Liste der Abkommen zur Anerkennung von Abschlüssen:

www.kmk.org

Im Ausland erworbene Habilitationen

Haben Sie Ihre Habilitation im Ausland erworben, können Sie diese auch an einer deutschen Hochschule anerkennen lassen. Meist geschieht dies über die Umhabilitation. Die Hochschule prüft dann im Einzelfall, ob entsprechende Leistungen für eine deutsche Habilitation vorliegen. Auch hier gelten Ausnahmen für Habilitationen, die in Lettland, Litauen, Polen, der Slowakei und Tschechien erworben wurden. Wegen der bilateralen Äquivalenzabkommen mit Deutschland müssen Sie sich nicht umhabilitieren lassen, sondern gelten an allen deutschen Hochschulen als habilitiert.

Unabhängig davon, ob Sie Ihre Habilitation in Deutschland anerkennen lassen oder nicht – den akademischen Grad des „Dr. habil." dürfen Sie, häufig mit Herkunftszusatz, in Deutschland weiter führen.

Alternative: Tenure-Modelle

Die Alternative zu diesem Habilitationsmodell ist das Tenure-System, das hauptsächlich im anglo-amerikanischen Raum besteht. Der höchste akademische Grad ist hier der Doktortiel. Selbstständige akademische Forschung und Lehre wird schon unterhalb der professoralen Ebene durch Junior Staff ausgeführt. Viele dieser Stellen sind mit einer Tenure-Option ausgestattet: Bewährt sich der Assistant Professor innerhalb eines bestimmten Zeitraumes, besteht die Möglichkeit, dass seine Stelle in eine unbefristete Associate-Professur umgewandelt wird. Angelehnt an dieses Modell wurde die Juniorprofessur auch in Deutschland eingeführt (➻ *Kap. 5.1*).

UMHABILITATION

Die Umhabilitation ist ein verkürztes Verfahren mit dem Ziel, die Lehrbefugnis für eine andere Hochschule zu erhalten.

Dabei kann die gleiche Habilitationsschrift vorgelegt werden wie bei der ersten Habilitation, auch dieselben Gutachten können für die Entscheidung herangezogen werden. Näheres regelt die Habilitationsordnung.

HABILITATIONEN NACH FÄCHERGRUPPEN UND ANTEIL DER FRAUEN - 2014

Quelle: Statistisches Bundesamt

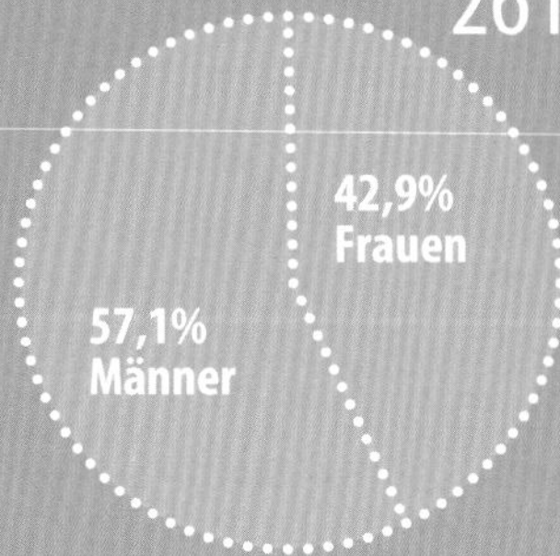

261 **HABILITATIONEN**
SPRACH- UND KULTURWISSENSCHAFTEN

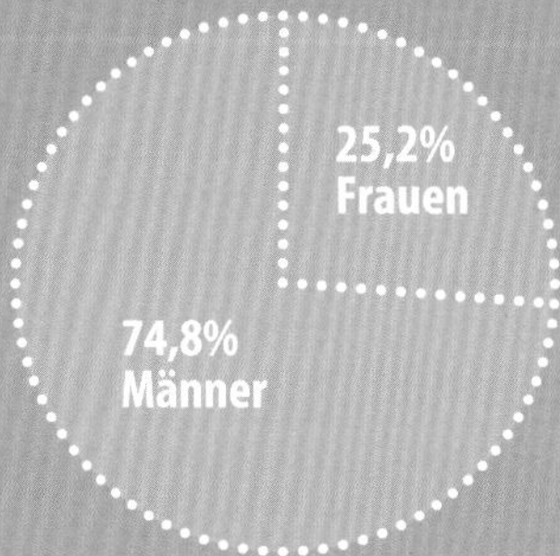

143 **HABILITATIONEN**
RECHTS-, WIRTSCHAFTS- UND SOZIALWISSENSCHAFTEN

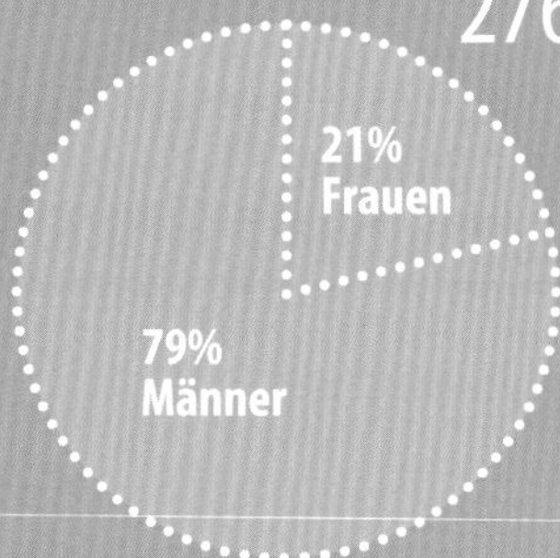

276 **HABILITATIONEN**
MATHEMATIK UND NATURWISSENSCHAFTEN

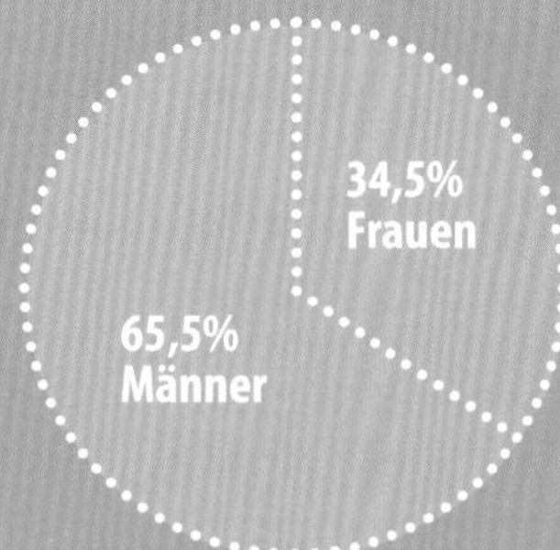

119 **HABILITATIONEN**
ÜBRIGE FÄCHER

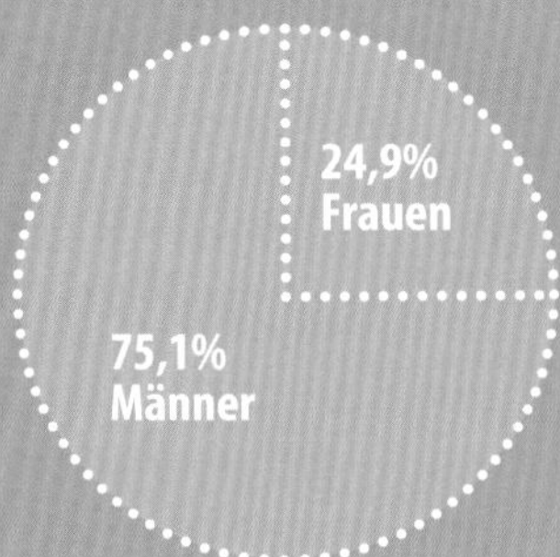

828 **HABILITATIONEN**
HUMANMEDIZIN, GESUNDHEITSWISSENSCHAFTEN

5.

ANDERE WEGE ZUM RUF

Die Alternativen zur Habilitation

5.1 Die Juniorprofessur

Juniorprofessur sollte ursprünglich Habilitation ersetzen

Ermöglicht frühzeitig, Aufgaben eines Professors zu übernehmen

Erfolgsaussichten für anschließende Professur ungewiss

Schon mit Anfang oder Mitte 30 all das machen dürfen, was auch „echte" Professoren tun: weisungsfrei forschen, Vorlesungen halten, Prüfungen abnehmen – die Juniorprofessur ist eine gute Gelegenheit, alle nötigen Erfahrungen zu sammeln, die ein regulärer Professor benötigt. In vielen Fächern ist sie deshalb bereits eine attraktive Alternative zur Habilitation geworden.

5.1.1 Die Juniorprofessur: Früh selbstständig lehren und forschen

Bereits seit 2002 können Nachwuchswissenschaftler die Qualifikation zum Professor auch über die Juniorprofessur erreichen. Juniorprofessoren erfüllen im Grunde die gleichen Aufgaben wie reguläre Professoren. Sie engagieren sich in der Lehre, betreuen Studierende und Doktoranden, müssen Drittmittelprojekte beantragen, Gremienarbeit leisten und administrative Aufgaben erledigen. Mit vier bis sechs Semesterwochenstunden ist ihr Lehrdeputat nur etwa halb so hoch wie das der Universitätsprofessoren. Damit bleibt Ihnen für die Weiterentwicklung Ihres Forschungsprofils mehr Zeit.

Juniorprofessuren müssen öffentlich ausgeschrieben werden, und die Bewerber durchlaufen genau wie reguläre Professoren ein Berufungsverfahren (➻ *Kap. 5.1.2*). Die gesamte Laufzeit der Juniorprofessur liegt für gewöhnlich bei sechs Jahren. Juniorprofessoren werden jedoch zunächst nur auf drei Jahre befristet eingestellt. Ob die Stelle am Ende verlängert wird, entscheidet sich im Rahmen der Zwischenevaluation (➻ *Kap. 5.1.3*).

Einige Juniorprofessuren werden jedoch auch mit einer Tenure-Option geschaffen (➻ *Kap. 5.1.4*). Diese Stellen sollen bei Erfolg in eine reguläre Professur münden, ohne noch einmal öffentlich ausgeschrieben zu werden. Damit erübrigt sich auch das zeitaufwendige Berufungsverfahren für eine Professur.

Beamtenstatus für die Juniorprofessur

Ist die Bewerbung auf eine Juniorprofessur erfolgreich, werden Sie für gewöhnlich als Beamter eingestellt. Sie erhalten dafür die W1-Besoldung (➻ *Kap. 5.1.5*). Da die Verbeamtung auf Zeit erfolgt, ist gerade in

ANZAHL DER JUNIORPROFESSOREN NACH FACHRICHTUNG - 2014

Quelle: Statistisches Bundesamt

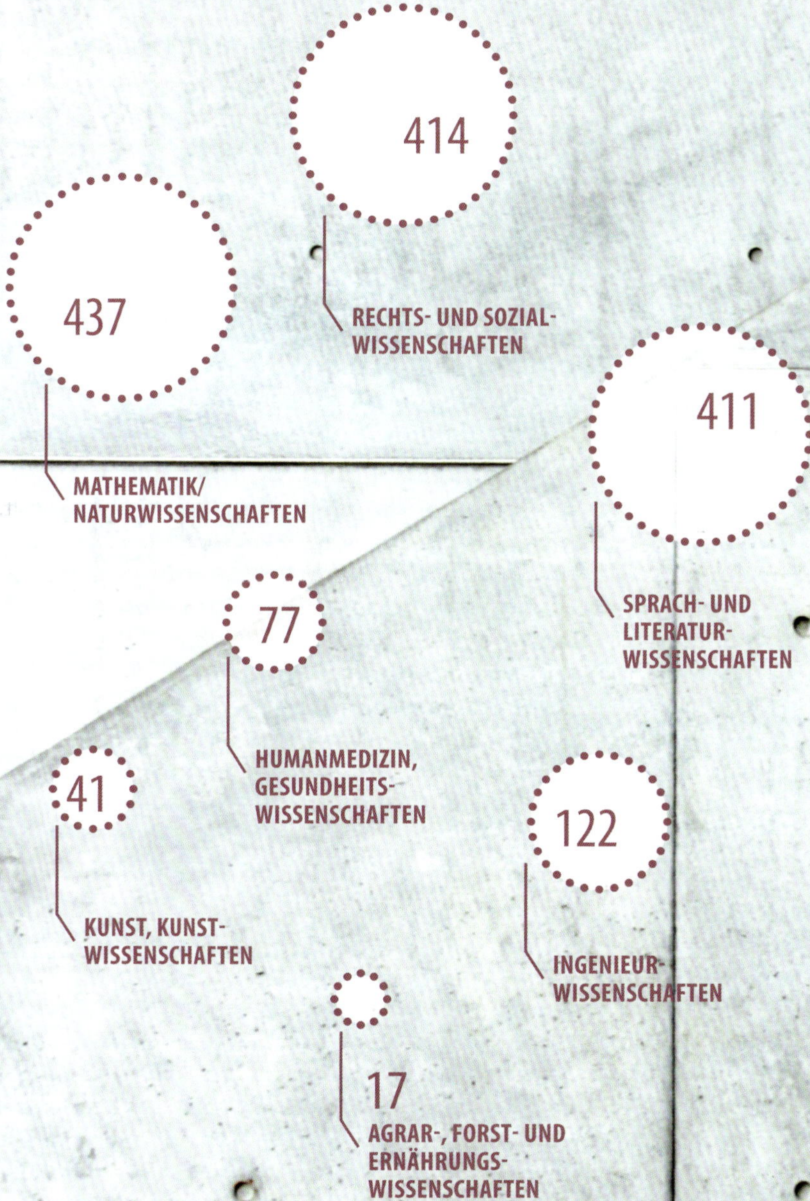

Bezug auf die Krankenversicherung einiges zu beachten (➻ *Kap. 5.1.5*). Die Juniorprofessur ist zudem dann besonders prekär, wenn Sie im Anschluss keine Anstellung finden. In diesem Fall werden Sie nämlich nicht durch die Arbeitslosenversicherung versorgt. Damit bliebe Ihnen nur die Beantragung von Hartz IV.

36,7 Jahre

betrug 2013 das Durchschnittsalter von Juniorprofessoren.

Quelle: Statistisches Bundesamt

Der Hintergrund der Juniorprofessur

Die Juniorprofessur wurde 2002 mit der fünften Novelle des Hochschulrahmengesetzes (HRG) aus der Taufe gehoben. Edelgard Bulmahn, die damalige Bundesforschungsministerin, wollte das deutsche Wissenschaftssystem mit der Novelle besonders im internationalen Vergleich wettbewerbsfähiger gestalten. Durch den anhaltenden Brain Drain vor allem in den angelsächsischen Raum, wurden dem deutschen Forschungs- und Innovationsstandort die besten Köpfe abgeworben.

Ziel der Reform war es entsprechend, die akademischen Karrierewege in Deutschland von Grund auf neu zu organisieren und Nachwuchswissenschaftlern möglichst zügig die wissenschaftliche Freiheit zuzugestehen, die sie sonst ins Ausland zog. Vorbild war das US-amerikanische Wissenschaftssystem, welches Wissenschaftler relativ zügig nach der Promotion selbstständig forschen und lehren lässt. Dieses Privileg wurde in Deutschland ursprünglich nur den bereits Habilitierten zugestanden, die diese Qualifikation im Schnitt erst mit 41 Jahren erreichen.

Das Vorbild: Assistant Professors aus dem angelsächsischen Raum

Eines der Kernstücke der Reform war die Juniorprofessur. Sie wurde in Anlehnung an die Assistant Professors geschaffen mit dem Ziel, diese grundsätzlich mit einer Tenure-Option auszustatten und in eine reguläre Professur zu überführen, wenn die Zwischenevaluation erfolgreich war. Gleichzeitig sollten die in den Hochschulgesetzen formulierten „zusätzlichen wissenschaftlichen Leistungen" nicht mehr Teil des Prüfungsverfahrens sein. Dies hätte das Ende der Habilitation bedeutet.

Trotz Scheitern der Novelle wurde die Juniorprofessur eingeführt

In den Hochschulen entbrannte dazu eine erbitterte Diskussion. Bayern, Sachsen und Thüringen klagten vor dem Bundesverfassungsgericht. Daraufhin wurde 2004 die HRG-Novelle mit der Begründung gekippt, dass der Bund in die Kulturhoheit der Länder eingreifen würde. Dennoch wurde die Juniorprofessur in allen Landeshochschulgesetzen aufgenommen.

- JUNIORPROFESSUR -

PRO:

- Gutes Renommee
- Internationale Vergleichbarkeit
- Selbstständigkeit in Forschung und Lehre
- Wichtige Erfahrungen für eine reguläre Professur
- Managementerfahrung

KONTRA:

- Ersetzt in manchen Fächern nicht die Habilitation
- Oft geringe Ausstattung
- Vergleichsweise geringe Bezahlung
- Ungünstige sozialversicherungsrechtliche Bedingungen

Die Einführung verlief jedoch anders als geplant: Wäre das amerikanische Modell des Junior und Senior Staff tatsächlich auf die deutsche Wissenschaft übertragen worden, müsste es heute ca. 10.000 Juniorprofessuren geben, wie der Bundesbericht Wissenschaftlicher Nachwuchs 2013 erklärte. Bisher gibt es jedoch nur ca. 1.600 Juniorprofessuren. Zudem wurden nur die wenigsten Stellen mit einer Tenure-Option geschaffen – der größte Teil der Juniorprofessuren ist daher in der Regel auf maximal sechs Jahre befristet.

Zukunftsaussichten nach der Juniorprofessur

Nach einer Umfrage der Deutschen Gesellschaft Juniorprofessur e. V. unter ihren Mitgliedern im Jahr 2014 rechnen gerade einmal 18 Prozent der Juniorprofessoren in der Endphase mit einem Verbleib an ihrer Hochschule. Dagegen sehen 59 Prozent ihrer Kollegen keine Chancen auf weitere Beschäftigung.

Viele Mitglieder äußerten sich außerdem äußerst unzufrieden darüber, dass es ihre Institute mit der wissenschaftlichen Freiheit dennoch nicht so genau nahmen. Von den gestandenen Professoren wurde im gleichen Zusammenhang mehr Bescheidenheit gefordert, da der Aufbau einer eigenen Forschungsidentität unter diesen Umständen nicht möglich gewesen sei.

Hingegen zeichnen das Institut für Hochschulforschung Halle-Wittenberg (HoF) und das Centrum für Hochschulentwicklung (CHE) ein deutlich optimistischeres Bild – allerdings betrifft deren Studie frühere Jahre. Umfragen unter ehemaligen Juniorprofessoren haben ergeben, dass 94 Prozent von ihnen den Sprung auf eine reguläre Professur schaffen konnten – und zwar nach höchstens sechs Jahren. Immerhin konnten viele von ihnen schon während der Juniorprofessur auf eine reguläre Professur berufen werden.

Anforderungen an Juniorprofessoren:

- **Abgeschlossenes Hochschulstudium**
- **Herausragende Promotion**
- **Erfahrungen in der Lehre**
- **Einschlägige Publikationen**

Hilfreich sind:

- **Tätigkeit als Postdoc**
- **Erfahrungen im Einwerben von Drittmitteln**
- **Forschungsaufenthalt im Ausland**

Juniorprofessur ersetzt nicht immer die Habilitation

In einigen Fächern wie den Geisteswissenschaften, den Rechtswissenschaften und der Medizin legen die Berufungskommissionen weiterhin großen Wert auf die Habilitation. Bei den Geisteswissenschaften beispielsweise liegt das an der Veröffentlichungskultur – Monografien spielen eine herausragende Rolle. Die Berufungskommissionen erwarten von den Bewerbern ein „zweites Buch". Die Frage, ob die Juniorprofessur am Ende als hinreichende Qualifikation anerkannt wird oder nicht, führt noch immer zu großer Unsicherheit. Viele Juniorprofessoren entscheiden sich deshalb für die Habilitation.

5.1.2 Das Berufungsverfahren zur Juniorprofessur

Bewerber für eine Juniorprofessur müssen ein Berufungsverfahren durchlaufen. Dieses Verfahren verläuft auf die gleiche Weise wie das Berufungsverfahren für eine reguläre Professur. So müssen auch die Juniorprofessuren öffentlich und international ausgeschrieben werden. Die von der Fakultät ernannte Berufungskommission sichtet die eingehenden Bewerbungen und lädt eine Vorauswahl von geeigneten Bewerbern zum „Vorsingen" ein. Dieses besteht aus einem öffentlichen Vortrag, dessen Thema je nach Berufungskommission entweder vorgegeben wird oder vom Kandidaten frei wählbar ist sowie einem nicht-öffentlichen Gespräch.

Berufungskommission erstellt Bestenliste

Auf dieser Grundlage bestimmt die Berufungskommission drei Kandidaten in gewichteter Reihenfolge für die Berufungsliste. Auch hier gilt das Prinzip der Bestenauswahl, die Berufungskommission soll also den fachlich geeignetsten Bewerber bestimmen. Manche Universitäten haben inzwischen eigene Berufungsordnungen für Juniorprofessoren.

In ➻ *Kapitel 7.1* finden Sie umfangreiche Hinweise für das Berufungsverfahren und die Bewerbung auf die reguläre Professur. Diese gelten auch, wenn Sie eine Juniorprofessur anstreben.

Berufungsverhandlungen für Juniorprofessoren

Wenn Sie nach erfolgreicher Bewerbung zum Juniorprofessor berufen werden, haben Sie vermutlich weniger Verhandlungsspielraum als ein W2- oder W3-Professor. Meist erhalten Sie mit dem Ruf ein Angebot, das Sie als Ganzes entweder annehmen oder ablehnen können. Trotzdem ist es empfehlenswert, noch vor der Zusage mit der Fakultät zu besprechen, welche Räume Ihnen bereitgestellt werden. Auch sollten Sie ansprechen, ob Ihnen Sekretariatskapazitäten zur Verfügung stehen.

TIPPS FÜR DIE BEWERBUNG AUF EINE JUNIORPROFESSUR

Gehen Sie im Anschreiben und im Lebenslauf auf sämtliche im Ausschreibungstext genannten fachlichen Anforderungen ein. Bewerbungen, die dieses Anforderungsprofil nicht erfüllen, werden meist aussortiert.

Machen Sie in Ihrem Anschreiben deutlich, warum genau diese Stelle an genau diesem Institut für Ihre weitere wissenschaftliche Entwicklung wichtig ist. Erläutern Sie, wie Sie zum Fachbereich und seiner Strahlkraft nach außen beitragen wollen.

5.1.3 Die Zwischenevaluation für Juniorprofessoren

Kurz vor Erreichen der Halbzeit einer Juniorprofessur steht eine Zwischenevaluation an. Auch wenn diese meist positiv ausfallen: Hier steht einiges auf dem Spiel, denn immerhin wird darüber entschieden, ob die Juniorprofessur auch nach Ablauf der ersten drei Jahren weitergeführt wird. Die Fakultät beruft dafür eine Evaluationskommission ein. Diese besteht meist aus drei Professoren, je einem Mitglied des akademischen Mittelbaus und der Studenten; die Professoren müssen definitiv immer die absolute Mehrheit der Stimmen besitzen. Das genaue Verfahren wird in einer Verordnung oder einem Leitfaden zur Zwischenevaluation von der Hochschule festgelegt.

Nach zweieinhalb Jahren müssen Sie zur Juniorprofessur für gewöhnlich den sogenannten Selbstbericht vorlegen. Dieser umfasst oft eine persönliche Stellungnahme von ca. drei bis zehn Seiten, in der Sie kritisch Ihre Arbeit evaluieren und Ihre Tätigkeiten dokumentieren. Welche Aspekte hier zu berücksichtigen sind, entnehmen Sie der für Sie gültigen Verordnung.

Die Evaluationskommission beauftragt externe Gutachter, die diesen Selbstbericht und Ihre Forschungsleistungen beurteilen. Mit ihrem Gutachten geben sie außerdem eine Einschätzung darüber ab, inwiefern eine Verlängerung der Juniorprofessur erfolgreich sein kann, das heißt, ob Sie nach Ablauf der gesamten sechs Jahre tatsächlich „berufungsfähig" sein werden.

Auf der Grundlage dieses Selbstberichts und der Gutachten spricht die Evaluationskommission selbst eine Empfehlung über die Verlängerung oder den Abbruch Ihrer Juniorprofessur aus. Die letzte Entscheidung dazu liegt jedoch meist beim Fakultätsrat und dem Rektor der Universität.

Was gehört in den Selbstbericht?

FORSCHUNG

Wichtigste Forschungsthemen, Stand der Forschungsarbeit und zukünftige Planung, Publikationen, Forschungskooperationen, Arbeitsgruppen, Drittmittelanträge und deren Erfolg, Auszeichnungen und Preise, Betreuung von Promotionen, Aktivitäten zum Wissenstransfer zwischen Forschung und Anwendung

LEHRE

Einbindung in den Studiengang (bspw. durch Pflichtveranstaltungen), Nennung der Lehrveranstaltungen und Darstellung der Lehrinhalte, Teilnehmerzahlen, Bewertung durch Studierende, Lehrkonzepte, angewandte Didaktik und Methodik, Betreuung der Studierenden, Betreuung von Abschlussarbeiten, Prüfungstätigkeit

WEITERE AKTIVITÄTEN

Akademische Selbstverwaltung, Mitgliedschaft in wissenschaftlichen Gremien, Tätigkeit bei wissenschaftlichen Journalen etc.

5.1.4 Der beinah sichere Hafen: Tenure Track

Wer sich schon als Juniorprofessor bewähren konnte, kann bisweilen ohne weitere Ausschreibung und Berufungsverfahren zum regulären Professor berufen werden. Diese „Tenure-Track-Stellen" sind bislang jedoch die Ausnahme. Laut Umfrage des Instituts für Hochschulforschung Halle-Wittenberg waren die Stellen von 23 Prozent der Befragten mit Tenure Track ausgestattet. Es gab jedoch fachspezifische Unterschiede – Fächer aus dem mathematisch-naturwissenschaftlichen Bereich waren etwas großzügiger als die der Geistes- und Sozialwissenschaften.

Tenure-Track-Stellen müssen als solche ausgeschrieben werden

Um eine Juniorprofessur als Tenure Track laufen zu lassen, muss die Universität frühzeitig sicherstellen, dass sie später eine entsprechende W2- oder W3-Professur einrichten will. Zudem muss die jeweilige Juniorprofessur schon mit Tenure-Option ausgeschrieben worden sein. Hausbewerber auf diese Stellen müssen oft mindestens zwei Jahre an einer anderen Forschungseinrichtung gearbeitet haben.

Ob ein Juniorprofessor sich bewährt hat, wird in der zweiten Hälfte der Professur im Rahmen eines Bewertungsverfahrens geprüft. Ähnlich wie bei der Zwischenevaluation müssen Sie dann einen Selbstbericht vorgelegen. Dieser enthält neben einer

HAUSBERUFUNGSVERBOT

Hochschulen dürfen vor allem bei W2- und W3-Professuren nur in Ausnahmefällen hauseigene Bewerber berufen. Dieses Hausberufungsverbot ist eingeführt worden, um persönliche Bevorzugungen zu verhindern und stattdessen das Bestenprinzip zu gewährleisten. Wechseln Sie deshalb gerade in den frühen Phasen Ihrer Karriere – für die Promotion oder für die frühe Postdoc-Phase – die Einrichtung, bspw. für einen Auslandsaufenthalt.

kritischen Stellungnahme und Dokumentation Ihrer Tätigkeiten auch Ihr Forschungs- und Lehrkonzept für die künftige Professur sowie Nachweise zu Führungskompetenzen, zum Beispiel durch Leitung von Arbeitsgruppen. Ist das Evaluationsergebnis negativ und werden Sie nicht als regulärer Professor übernommen, muss erneut über die Juniorprofessur entschieden werden.

5.1.5 Als Juniorprofessor auf Zeit verbeamtet

Als Beamte auf Zeit genießen Juniorprofessoren leider nicht die Vorteile, die den Beamten sonst gewährt werden – Unkündbarkeit und eine attraktive Pension. Der Juniorprofessorenstatus bringt es mit sich, dass Sie grundsätzlich nur befristet eingestellt werden. Die erste Befristung läuft für drei Jahre. Nach erfolgreicher Zwischenevaluation (➻ *Kap. 5.1.3*) wird Ihr Dienstverhältnis um drei Jahre verlängert, so dass die Gesamtdauer der Juniorprofessur bei sechs Jahren liegt.

Wenn Sie nicht schon während der Juniorprofessur oder direkt im Anschluss auf eine reguläre Professur berufen werden, scheiden Sie wieder aus dem Beamtenstand aus. Die Verbeamtung auf Zeit ist damit ein Sonderfall, der üblicherweise nur bei politischen Beamten und Wahlbeamten, wie den Bürgermeistern gilt. Gewöhnlich werden Beamte zunächst auf Probe und bei Bewährung auf Lebenszeit eingestellt.

Der Dienstherr zahlt nach: Die Rentenversicherung

Das Wiederausscheiden aus dem Beamtenstand hat jedoch Auswirkungen auf die sozialversicherungsrechtliche Stellung und damit auf Renten-, Arbeitslosen-, Kranken- und Pflegeversicherung. Die Rente ist dabei das geringste Problem. Ihre Hochschule versichert Sie nach dem Ausscheiden aus dem Dienst in der gesetzlichen Rentenversicherung nach und trägt die Kosten dafür.

Ohne Rücksicht für Beamte auf Zeit: Die Arbeitslosenversicherung

Bei der Arbeitslosenversicherung gilt leider immer noch der Grundsatz, dass Beamte nicht arbeitslos werden können und so etwas nicht benötigen. Dass es mehr und mehr auch Beamte auf Zeit gibt, findet keinerlei Berücksichtigung. Sollten Sie nach der Juniorprofessur direkt in die Arbeitslosigkeit fallen, steht Ihnen daher kein Arbeitslosengeld zu. Der Dienstherr gewährt zunächst – abhängig vom Beamtenbesoldungsgesetz des Bundeslandes – für dreieinhalb bis sechs Monate ein Übergangsgeld in Höhe Ihres letzten regulären Gehalts. Finden Sie dann jedoch keine Anstellung, bleibt Ihnen nur der Antrag auf Hartz IV.

Richtig versichert als Juniorprofessor: Kranken- und Pflegeversicherung

Für den Geburts-, Krankheits- und Todesfall erhalten Sie auch als Beamter auf Zeit von Ihrem Dienstherrn Beihilfen, die sich nicht von denen für Beamte auf Lebenszeit unterscheiden. Ihre Kosten für die ärztliche Behandlung werden nur zu einem bestimmten Prozentsatz erstattet. Am günstigsten ist es daher, wenn Sie eine private Krankenversicherung abschließen, die diesen Restbetrag übernimmt. Außerdem besteht eine gesetzliche Pflegeversicherungspflicht. Dabei gilt das Prinzip „Pflegeversicherung folgt Krankenversicherung". Wenn Sie sich privat krankenversichern, müssen Sie sich nach diesem Prinzip auch privat gegen das Pflegerisiko absichern.

TIPPS FÜR DIE ZEIT ALS JUNIORPROFESSOR

Nutzen Sie die Juniorprofessur vor allem dafür, Ihr eigenes Forschungsprofil zu schärfen!

Dokumentieren Sie parallel zu Ihrer Arbeit als Juniorprofessor Ihre jeweiligen Tätigkeiten. Informieren Sie sich außerdem frühzeitig, wofür Sie konkrete Nachweise vorlegen müssen. Dieses Vorgehen erspart Ihnen bei der Zwischenevaluation viel Zeit und Rennerei.

Aus der privaten Krankenversicherung für oft kein Weg zurück

Zu beachten ist, dass Sie nach einer Verbeamtung auf Zeit möglicherweise nicht mehr in die gesetzliche Krankenversicherung zurückkehren können. Das passiert beispielsweise, wenn Sie nach der Juniorprofessur in die Selbständigkeit wechseln oder in ein Angestelltenverhältnis gehen, in dem Sie ein Gehalt oberhalb der Beitragsbemessungsgrenze erhalten.

Tritt dies ein ein, sollten Sie mit Ihrer privaten Krankenversicherung auch verschiedene sehr zweckmäßige Leistungen wie das Krankentagegeld nachversichern lassen. Normalerweise sehen die privaten Krankenversicherungen dafür eine erneute Gesundheitsprüfung vor, die letztlich eine Ablehnung oder zumindest höhere Beiträge zur Folge haben kann. Um dies zu vermeiden, sollten Sie in Ihren Versicherungsbedingungen von vornherein festlegen, dass für diese zusätzlichen Bausteine keine erneute Gesundheitsprüfung nötig ist, oder dazu eine Anwartschaftsversicherung abschließen. Lassen Sie sich hierzu vorab von Ihrer privaten Krankenversicherung beraten.

5.1.6 W1-Besoldung: Das Gehalt von Juniorprofessoren

Juniorprofessoren werden in der Regel als Beamte auf Zeit eingestellt. Für diese Zeit erhalten sie die W1-Besoldung, die abhängig vom Bundesland im Bereich zwischen 3.667,98 Euro und 4.270,69 Euro liegt. Im Gegensatz zur W2- und W3-Besoldung ist diese Stufe in zahlreichen Bundesländern von weiteren Leistungsbezügen ausgenommen. Je nach Bundesland gewähren die Landeshochschulgesetze jedoch immer häufiger auch Ausnahmen, so beispielsweise in Baden-Württemberg, Bayern, Hamburg, Hessen, Mecklenburg-Vorpommern, Sachsen, Sachsen-Anhalt und Schleswig-Holstein. Deren konkrete Ausgestaltung kann den jeweiligen Gesetzestexten entnommen werden.

Sozialversicherungspflicht besteht nicht für die Juniorprofessur

Vom Gehalt werden, wie auch sonst üblich, entsprechend Ihrer Lohnsteuerklasse Steuern abgezogen, eine Sozialversicherungspflicht besteht hingegen nicht. Dennoch gibt es durch die Verbeamtung auf Zeit gerade in Bezug auf andere Versicherungen einiges zu beachten (➻ *Kap. 5.1.5*). Nebenverdienste sind für gewöhnlich genehmigungspflichtig. Es lässt sich jedoch sagen, dass die Hochschulen in diesen Fällen meist zugunsten ihrer Lehrer entscheiden.

- DIE W1-SÄTZE IM ÜBERBLICK -

BUND 4.364,65 €			
BADEN-WÜRTTEMBERG	4.600,00 €	NIEDERSACHSEN	4.137,82 €
BAYERN	4.259,30 €	NORDRHEIN-WESTFALEN	4.062,31 €
BERLIN	3.891,36 €	RHEINLAND-PFALZ	4.143,39 €
BRANDENBURG	4.008,07 €	SAARLAND	4.067,74 €
BREMEN	4.086,14 €	SACHSEN Stufe 1 Stufe 2	4.140,95 €/ 4.421,48 €*
HAMBURG	4.072,88 €	SACHSEN-ANHALT	4.140,95 €
HESSEN	4.007,96 €	SCHLESWIG-HOLSTEIN	4.108,73 €
MECKLENBURG-VORP.	4.075,91 €	THÜRINGEN	4.177,58 €

* *Tritt nach der Zwischenevaluation in Kraft. Quelle: www.dbb.de*

5.2 Nachwuchsgruppenleiter

Ermöglicht frühzeitig, Aufgaben eines Professors zu übernehmen

Erfolgsaussichten für anschließende Professur ungewiss

Sich nahezu ausschließlich auf das eigene Forschungsvorhaben konzentrieren zu können, ist der Traum vieler Wissenschaftler. Nachwuchsgruppenleiter kommen dem sehr nahe. Mit einem oft sehr großzügigen Budget, einer guten Ausstattung und einem eigenen Team setzen sie ihr Leib- und Magenprojekt um. Die entsprechenden Förderprogramme sind bei den Berufungskommissionen sehr angesehen. Damit ist die Nachwuchsgruppenleitung auf dem Weg zur Professur eine empfehlenswerte Alternative zur Habilitation.

5.2.1 Nachwuchsgruppenleiter: Forschen mit vielen Freiheiten

Nachwuchsgruppenleiter verfolgen ein Forschungsvorhaben und wie der Name schon nahelegt, leiten sie eine Arbeitsgruppe. Dieser gehören in der Regel noch ein bis zwei Promovierende und gegebenenfalls auch studentische Mitarbeiter oder technisches Personal an. Vor allem im mathematisch-naturwissenschaftlichen Bereich sind diese Positionen sehr begehrt, um sich für eine Professur zu qualifizieren. Mit gutem Grund: Als Nachwuchsgruppenleiter können Sie in der Regel fünf Jahre eigenständig forschen. Sie erhalten ein meist sehr großzügiges Budget, haben eine gute Infrastruktur zur Verfügung und suchen sich Ihre Mitarbeiter selbst aus. Damit stehen Nachwuchsgruppenleiter oft besser da als Juniorprofessoren, die Projekte und Mitarbeiter über Drittmittel finanzieren müssen und sich durch stärkere Einbindung in die akademische Selbstverwaltung weniger auf ihre Forschung konzentrieren können.

Die Idee zu den Nachwuchsforschergruppen stammt aus den Wissenschaftsorganisationen. Bereits 1969 wurden solche Gruppen bei der Max-Planck-Gesellschaft eingerichtet. Seit den späten 90er Jahren haben sich die Nachwuchsgruppen bei allen Wissenschaftsorganisationen immer weiter etabliert, und die Zahl geförderter Gruppen steigt kontinuierlich an.

Das wichtigste Förderprogramm dazu ist das Emmy Noether-Programm der DFG. Auch das Bundesforschungsministerium unterstützt die Nachwuchsgruppen und schreibt regelmäßig themenbezogene Forschungsprogramme aus. Immer häufiger richten auch die Universitäten entsprechende Gruppen ein und schreiben Leitungsposten aus. Dies alles geschieht unter anderem im Zusammenhang mit der Exzellenzinitiative, durch spezielle Landesprogramme, aber auch im Rahmen der eigenen Profilbildung.

Die Aufgaben von Nachwuchsgruppenleitern

Als Nachwuchsgruppenleiter haben Sie, vor allem an den Universitäten, ähnliche Aufgaben wie die Juniorprofessoren. Sie forschen, betreuen Promotionen und Abschlussarbeiten von Studierenden und geben pro Semester etwa zwei Lehrveranstaltungen. Oft müssen Sie jedoch keine Drittmittelanträge mehr stellen, da Ihr Forschungsprojekt samt Mitarbeitern bereits finanziert ist. Auch die Zeit für Gremientätigkeiten entfällt, allerdings sind Sie oft weniger gut in die hochschulinternen Abläufe eingebunden als Juniorprofessoren. Weiterer Nachteil ist, dass Sie gesetzlich nicht berechtigt sind, die Promotionsprüfungen abzunehmen. An immer mehr Hochschulen können Nachwuchsgruppenleiter dieses Recht jedoch beantragen.

Sind Sie mit Ihrer Nachwuchsgruppe an einer außeruniversitären Forschungseinrichtung angesiedelt, wie beispielsweise an einem Helmholtz- oder einem Max-Planck-Institut, können Sie Ihren Schwerpunkt noch mehr auf die Forschung setzen. Dennoch steht es Ihnen auch hierbei für gewöhnlich frei, an Hochschulen Lehrveranstaltungen anzubieten und hierdurch wertvolle Erfahrungen in Richtung eigener Professur zu sammeln.

Als Nachwuchsgruppenleiter ohne Habilitation zur Professur?

Wie auch die Juniorprofessoren stehen Nachwuchsgruppenleiter oft vor der Frage, ob sie sich mit dieser Position hinlänglich für eine Professur qualifizieren oder ob sie dennoch habilitieren müssen. Blickt man auf die Hochschulgesetzgebung, dann ist eine Habilitation an sich nicht erforderlich. Die Landeshochschulgesetze sehen neben der Habilitation und der Juniorprofessur auch andere wissenschaftliche Tätigkeiten als Einstellungsvoraussetzung für Professoren vor. Auch wenn sie nicht explizit vom Gesetzgeber benannt wird, so gehört die Leitung von Nachwuchsgruppen unbestritten ebenfalls zu diesen „anderen wissenschaftlichen Tätigkeiten".

Dennoch geben fachspezifische Gebräuche und die Einschätzung der jeweiligen Berufungskommission am Ende den Ausschlag. In den mathematisch-naturwissenschaftlichen Fächern ist die Habilitation mittlerweile weniger verbreitet, die Nachwuchsgruppenleitung gilt als adäquate Leistung. Anders liegt der Fall in den geisteswissenschaftlichen Fächern und der Medizin – hier hat die Habilitation einen ungebrochen hohen Stellenwert. Wenn Sie in diesen Fächergruppen eine Professur anstreben, klären Sie am besten gemeinsam mit Ihren Mentoren, ob Sie parallel zu Ihrer Stelle habilitieren sollten.

Grundsätzlich gilt die Nachwuchsgruppenleitung jedoch als erfolgversprechender Karriereschritt hin zur Professur. Dies liegt nicht zuletzt am Renommee der entsprechenden Programme und außeruniversitären Forschungseinrichtungen. So kann unter anderem die Max-Planck-Gesellschaft damit werben, dass etwa zwei Drittel ihrer ehemaligen Forschungsgruppenleiter den Sprung auf eine Professur geschafft haben.

Wie wird man Nachwuchsgruppenleiter?

Für die Bewerbung bei einem Nachwuchsgruppenprogramm wird eine überdurchschnittlich bewertete Promotion, weitere einschlägige Publikationen, internationale Forschungserfahrungen, mindestens zwei Jahre Erfahrung als Postdoc sowie ein Forschungsvorhaben, das die Gutachter der jeweiligen Programme überzeugt, erwartet. Beim Emmy Noether-Programm und bei den ERC Starting Grants müssen Sie zu dem die Erklärung einer Hochschule oder

WICHTIGE AUSWAHLKRITERIEN, DIE SIE AN DIE AUFNEHMENDE HOCHSCHULE STELLEN SOLLTEN:

1. Forschungsaktivitäten passen zum eigenen Projekt
2. Ausstattung und Infrastruktur der Hochschule
3. Gute Kontakte zur Hochschule
4. Prestige der Hochschule und/oder ihrer Mitarbeiter

- NACHWUCHS-GRUPPENLEITUNG -

PRO:

- Gutes Renommee
- Selbstständigkeit in Forschung und ggf. auch Lehre
- Wichtige Erfahrungen für eine reguläre Professur
- Gute Ausstattung

KONTRA:

- Ersetzt in manchen Fächern nicht die Habilitation
- V. a. an Universitäten geringere Einbindung in institutionelle Abläufe
- Unklarer Status v. a. zum Promotionsrecht

eines Forschungsinstituts einholen, dass diese Sie bei einem erfolgreichen Antrag als Mitarbeiter aufnehmen und Ihnen Räumlichkeiten und die nötige Infrastruktur zur Verfügung stellen wird (➻ *Kap. 5.2.2*).

Ist Ihr Antrag erfolgreich, dann können Sie mit dem Aufbau Ihrer Arbeitsgruppe und der Umsetzung Ihres Projekts beginnen. Für viele Nachwuchswissenschaftler ist dies das erste Mal, dass sie als Vorgesetzte in Erscheinung treten. Damit die Arbeitsprozesse in Ihrem Forschungsprojekt reibungslos ablaufen, sollten Sie sich auf Ihre Führungsrolle vorbereiten (➻ *Kap. 5.2.3*).

Je nach Förderprogramm steht für die meisten Nachwuchsgruppenleiter etwa zur Halbzeit eine Zwischenevaluation an (➻ *Kap. 5.2.4*). Dabei wird überprüft, ob die Arbeitsgruppe fortgeführt wird und die Mittel für die restliche Laufzeit des Projekts entsperrt werden. Bezahlt werden Nachwuchsgruppenleiter meist als Angestellte nach dem Tarifvertrag für den öffentlichen Dienst (TVöD) oder nach dem Tarifvertrag für den öffentlichen Dienst der Länder (TV-L). Einige Universitäten belohnen die Nachwuchsgruppenleiter schließlich mit einer Juniorprofessur. Die Max-Planck-Gesellschaft stellt sie sogar in einem beamtenrechtsähnlichen Verhältnis als W2-Professoren ein (➻ *Kap. 5.2.5*).

5.2.2 Programme und Kriterien für Nachwuchsgruppenleiter

Die Förderprogramme für Nachwuchsgruppenleiter ähneln sich im Großen und Ganzen – gesucht werden Forscher, die ihre Promotion herausragend abgeschlossen haben und bereits über Postdoc-Erfahrungen verfügen. Bei allen Programmen werden Kindererziehungszeiten angerechnet.

Beachten Sie: Die Programme bieten sehr attraktive Bedingungen, entsprechend groß ist die Konkurrenz. Ihr Forschungsvorhaben muss für die Gutachter des jeweiligen Programms also sehr überzeugend sein. Nutzen Sie durchaus die Unterstützung von Antragsberatungsstellen, die es an vielen Hochschulen gibt, unter anderem auch für Anträge bei der DFG oder beim European Research Council.

Neben den genannten Programmen und Organisationen bieten auch Stiftungen Nachwuchsgruppenprogramme an. Dazu zählen der Sofja Kovalevskaja-Preis der Alexander von Humboldt-Stiftung und die Lichtenberg-Professur der VolkswagenStiftung. Einige Bundesländer, beispielsweise Bayern und Nordrhein-Westfalen, haben ebenfalls Nachwuchsgruppenprogramme aufgelegt. Auch das Bundesforschungsministerium schreibt regelmäßig themenbezogene Forschungsprogramme aus, für die sich Postdocs bewerben können.

5.2.3 Wie baut man eine Nachwuchsgruppe auf?

Nachwuchsgruppenleiter bauen ihre Arbeitsgruppe selbst auf. Meist sind in den Programmen ein bis drei Mitarbeiter vorgesehen. Das sind in der Regel Doktoranden oder je nach Fachbereich auch technische Angestellte; studentische Hilfskräfte sind ebenfalls möglich.

Vermutlich ist es das erste Mal, dass Sie um sich herum ein Team aufbauen. Beim Aufbau einer solchen Nachwuchsgruppe gilt es einiges zu beachten. Um geeignetes Personal zu finden, müssen diese Stellen freilich zunächst ausgeschrieben werden. Dazu setzen Sie sich mit der Personalstelle Ihrer

DIE WICHTIGSTEN NACHWUCHSGRUPPENPROGRAMME UND IHRE AUSWAHLKRITERIEN STELLEN WIR IHNEN STICHPUNKTARTIG VOR:

LEIBNIZ-GEMEINSCHAFT

FACHLICHE SCHWERPUNKTE: Entsprechend den Instituten

PERSONENKREIS: Vorgesehen für Postdocs ab dem dritten Jahr nach der Promotion

BESONDERHEITEN: Kein zentrales Programm, sondern reguläre Karrierestufe. Ausschreibung von Stellen erfolgt jeweils über die Institute. Die Stellen sollen nach Möglichkeit mit einer Tenure-Option versehen sein.

www.leibniz-gemeinschaft.de

HELMHOLTZ-GEMEINSCHAFT

SCHWERPUNKTE: Energie, Erde und Umwelt, Gesundheit, Schlüsseltechnologien, Materie sowie Luftfahrt, Raumfahrt und Verkehr

ZIELGRUPPE: 2 bis 6 Jahre nach der Promotion, mind. 6 Monate Auslandsaufenthalt

FÖRDERDAUER: 5 Jahre

FINANZIELLER RAHMEN:
Mind. 250.000 Euro pro Jahr

VERGÜTUNG: TVöD/TV-L E 14-15 oder BAT 1b/1a

BESONDERHEITEN: Tenure-Option, begleitendes Fortbildungs- und Mentoringprogramm, Nachwuchsgruppenleiter sollen gemeinsam durch Zentrum und Hochschule bestellt werden.

www.helmholtz.de

FRAUNHOFER ATTRACT

SCHWERPUNKTE: Industrienahe und anwendungsorientierte Forschung

ANTRAGSBERECHTIGTE: Postdocs und Professoren

FÖRDERDAUER: 5 Jahre

FINANZIELLER RAHMEN: Max. 2,5 Mio. Euro

VERGÜTUNG: TVöD

BESONDERHEITEN: Zwei Antragsrunden pro Jahr, jährlich werden bis zu 8 Gruppen aufgenommen. Kandidaten und Institut entwickeln den Antrag gemeinsam. Institut trägt 50 Prozent des Förderumfangs, Zentrale die anderen 50 Prozent. Gruppe sollte im zweiten Teil der Förderphase eigene Erträge erwirtschaften. Maßgeschneidertes Weiterbildungsprogramm, Perspektive für eigene Gruppe im Fraunhofer-Institut.

www.fraunhofer.de/de/jobs-und-karriere/berufserfahrene/fraunhofer-attract.html

MAX-PLANCK-GESELLSCHAFT

FACHLICHE SCHWERPUNKTE: Orientieren sich an den Instituten

ANTRAGSBERECHTIGTE: Bis zu 7 (Medizin: 9) Jahre nach der Promotion, Auslandserfahrung erwünscht

FÖRDERDAUER: 5 + 2 + 2 Jahre

FINANZIELLER RAHMEN: offen

VERGÜTUNG: W2 (beamtenrechtsähnliche Stellung)

BESONDERHEITEN: Es gibt institutseigene Forschungsgruppen (werden von den einzelnen Max-Planck-Instituten ausgeschrieben), themenoffene Forschungsgruppen (zentrale Ausschreibung) und Minerva-Gruppen (ausschließlich für Wissenschaftlerinnen); Bewerbung und Empfehlungsschreiben in englischer Sprache; Bewerbung in elektronischer Form; bei zentralen Bewerbungen zuvor Kontakt mit dem gewünschten Institut aufnehmen.

www.mpg.de

ERC STARTING GRANTS (EUROPEAN RESEARCH COUNCIL)

FACHLICHE SCHWERPUNKTE: Keine

ANTRAGSBERECHTIGTE: 2-7 Jahre nach der Promotion

FÖRDERDAUER: 5 Jahre

FINANZIELLER RAHMEN: Bis zu 1,5 Mio. Euro (in Ausnahmefällen bis zu 2 Mio. Euro)

VERGÜTUNG: Je nach Gasteinrichtung (meist wie Juniorprofessur oder TVöD E 15)

BESONDERHEITEN: EU-weites Förderinstrument. Für den Antrag benötigen Sie einen „Host Commitment Letter" Ihrer Gasteinrichtung, dass sie „antragstellender Rechtsträger" ist und Ihnen angemessene Forschungsbedingungen bietet. Antragstellung über das elektronische Einreichungssystem der Europäischen Kommission, sollte in englischer Sprache erfolgen.

erc.europa.eu/starting-grants/german

EMMY NOETHER-PROGRAMM (DFG)

FACHLICHE SCHWERPUNKTE: Keine

ANTRAGSBERECHTIGTE: 2 bis 4 Jahre nach der Promotion, mindestens 12 Monate Forschungsaufenthalt im Ausland oder gleichwertige internationale Kooperation

FÖRDERDAUER: 5 Jahre, in Einzelfällen 6 Jahre

FINANZIELLER RAHMEN: Keine finanzielle Obergrenze

VERGÜTUNG: Tarif BAT 1a oder TV-L 15 (Empfehlung der DFG)

BESONDERHEITEN: Forschungseinrichtung, zu der man kommen will, muss einen Mustervertrag abschließen. Antragstellung jederzeit möglich; Juniorprofessoren können eine Gruppenfinanzierung beantragen.

www.dfg.de/emmy_noether

Einrichtung in Verbindung. Überlegen Sie sich gut, welche Anforderungen Sie an Ihre Mitarbeiter stellen werden. Welche Aufgaben wollen Sie delegieren, was sollten sie dafür mitbringen? Kennen Sie bereits geeignete Kandidaten von Ihren früheren Stellen, die Sie ansprechen wollen?

Kooperativer Führungsstil am erfolgreichsten

Mit Ihrer Position als Nachwuchsgruppenleiter sind Sie nicht mehr Kollege, sondern Vorgesetzter. Sie sollten sich deshalb klar darüber sein, wie Sie diese Rolle ausfüllen wollen. Überlegen Sie sich, wie Sie die Arbeit in Ihrer Gruppe organisieren möchten. Machen Sie sich einen Zeitplan für das Forschungsprojekt – was muss wann erledigt sein? Regelmäßige Teambesprechungen helfen auszuloten, welche Tätigkeiten konkret anstehen und wo gerade Schwierigkeiten auftreten. Achten Sie bei Entscheidungen auf die Auffassungen Ihrer Mitarbeiter und pflegen Sie einen kooperativen und transparenten Führungsstil – dieser hat sich in der Wissenschaft nachweislich am besten bewährt.

Ein klassisches Problem von Führungskräften in der Wissenschaft ist, dass sie von bestimmten Forschungsaufgaben wie den Tätigkeiten im Labor nicht lassen können und sich bei den hinzukommenden Managementaufgaben verzetteln. Viele Einrichtungen bieten ihren frischgebackenen Führungskräften entsprechende Seminare an – ein Angebot, das Sie nutzen sollten.

Betreuungsverhältnisse abklären

Als Vorgesetzter stehen Sie auch in einer Verantwortung gegenüber Ihren Mitarbeitern. Diese brauchen einerseits klare Anweisungen zu ihren Aufgaben. Andererseits benötigen Sie auch den Freiraum, um ihre Promotion voranzutreiben. Erinnern Sie sich an Ihre eigene Zeit als weisungsgebundener Mitarbeiter – was empfanden Sie damals als unterstützend, was waren typische Störfaktoren?

Besprechen Sie mit Ihren Mitarbeitern, welche Bedürfnisse sie an Sie als Betreuer haben. Teilen Sie ihnen gleichermaßen auch Ihre Bedürfnisse mit, denn auch Sie als Nachwuchswissenschaftler brauchen Zeit für Ihre eigenen Projekte, und als Verantwortlicher in einem Drittmittelprojekt müssen Sie Fristen einhalten. Einigen Sie sich mit Ihren Doktoranden über verbindliche Ziele, die Sie gegebenenfalls in einer Betreuungsvereinbarung festhalten können. Anregungen dazu finden Sie auch in den „Empfehlungen für das Erstellen von Betreuungsvereinbarungen" der DFG.

Zudem müssen Sie mit der Fakultät, an der Sie zu Gast sind, Ihren Status als Betreuer klären. Nachwuchsgruppenleiter betreuen zwar de facto die Doktoranden, die in ihrer Gruppe arbeiten, haben aber formal nicht das Recht, Promotionsprüfungen abzunehmen. Viele Universitäten gehen inzwischen aber dazu über, ihren Nachwuchsgruppenleitern unter strengen Vorgaben das Promotionsrecht zu verleihen.

Oft beschränkt sich dieses Recht darauf, lediglich die Mitglieder Ihrer Arbeitsgruppe zu betreuen und zu prüfen. Informieren Sie sich am besten noch bevor Sie die Stelle antreten, wie man es an Ihrer Fakultät mit dem Promotionsrecht hält. Sollten Sie im Emmy Noether-Programm sein, wird dieser Punkt bereits im Musterarbeitsvertrag, den Sie dem Antrag beifügen müssen, geregelt. Ansonsten müssen Sie einen entsprechenden Antrag an Ihre Fakultät stellen, oder Sie können zwar als fachlicher Betreuer auftreten, nicht aber die Promotionsprüfung abnehmen.

5.2.4 Die Zwischenevaluation für Nachwuchsgruppenleiter

Ist die Nachwuchsgruppe erst einmal aufgebaut, kehrt hoffentlich schnell der Forschungsalltag ein. Im dritten oder vierten Projektjahr steht für viele Nachwuchsgruppenleiter dann die Zwischenevaluation an. Ähnlich wie schon bei der Juniorprofessur legen Sie dafür einen Arbeits- und Ergebnisbericht vor. Dieser wird zusammen mit den Publikationen, die im Rahmen des Forschungsprojekts entstanden sind, begutachtet. Auf dieser Basis wird entschieden, ob Ihr Projekt weitergeführt wird.

Dokumentieren Sie daher parallel zu Ihrer Arbeit, was Sie getan haben und wie sich das Forschungsprojekt bisher entwickelt hat. Beachten Sie, dass es zu den Anforderungen an die Zwischenevaluation programmspezifische Unterschiede gibt.

DIE ZWISCHENEVALUATION FÜR NACHWUCHSGRUPPENLEITER – DAS WIRD BEGUTACHTET:

» Ausgangsfragen und Zielsetzung Ihres Projekts

» Bisheriges Vorgehen (einschließlich Probleme und Fehlschläge)

» Konkrete Ergebnisse

» Perspektiven und zukünftige Planung

» Publikationen

» Evtl. angemeldete und erteilte Patente

» Forschungskooperationen

» Betreuung von Promotionen und Abschlussarbeiten

5.2.5 Das Gehalt von Nachwuchsgruppenleitern

Die Vergütung von Nachwuchsgruppenleitern hängt von den Gepflogenheiten an der aufnehmenden Einrichtung ab. Wer über das Emmy Noether-Programm der DFG gefördert wird, wird in der Regel als Angestellter des öffentlichen Dienstes mit Leitungsaufgaben eingruppiert. Basis ist der Tarifvertrag für den öffentlichen Dienst (TVöD) aber auch der Tarifvertrag für den öffentlichen Dienst der Länder (TV-L).

Für Nachwuchsgruppenleiter ist nach beiden Tarifverträgen die Entgeltgruppe E 15 vorgesehen. Hin und wieder wenden die Hochschulen auch die Gruppe E 14 an.

Das wirkt sich finanziell jedoch nicht zwingend nachteilig aus (➻ *Tabelle Seite 106*). Nicht immer bedeutet der Aufstieg in eine höhere Entgeltgruppe auch ein höheres Gehalt. Das liegt an den jeweiligen Erfahrungsstufen, die die Tarife vorsehen. Wird ein wissenschaftlicher Mitarbeiter zum Beispiel nach Bundestarif in Tarifgruppe 14 eingestuft, steigt er nach drei Jahren in die Erfahrungsstufe 3 mit einem Bruttogehalt von 4.442,64 Euro auf. Die Eingruppierung in TVöD 15 auf Stufe 1 bringt im ersten Jahr hingegen nur ein Einkommen von monatlich 4.179,74 Euro.

Zwar bestehen Schutzvorschriften, die gewährleisten sollen, dass man bei Einstufung in die höhere Entgeltgruppe keine Einbußen beim Gehalt erleidet. Allerdings gilt das nur, wenn Sie an der Einrichtung bleiben. Wer die Hochschule und damit den Arbeitgeber wechselt, wird in eine höhere Gehaltsgruppe, meist in der Erfahrungsstufe 1, eingruppiert.

Um für exzellente Forscher die eigene Attraktivität zu steigern, gewähren einige Hochschulen Nachwuchsgruppenleitern eine Juniorprofessur und die entsprechende W1-Besoldung. Empfänger eines ERC Starting Grants werden meist etwas höher eingestuft – als Juniorprofessoren oder Angestellte des Tarifs TVöD E 15. Die Max-Planck-Gesellschaft zeigt sich Nachwuchsgruppenleitern gegenüber großzügig und nimmt die Leiter als W2-Professoren in einer beamtenrechtsähnlichen Stellung auf (➻ *dazu auch Kap. 5.2.2*).

- GEHALT NACHWUCHSGRUPPENLEITER -

	STUFE 1	STUFE 2 (nach 1 Jahr)	STUFE 3 (nach drei Jahren)	STUFE 4 (nach sechs Jahren)	STUFE 5 (nach zehn Jahren)
TARIFVERTRAG FÜR DEN ÖFFENTLICHEN DIENST (TVÖD)					
E 14	3.785,38 €	4.199,21 €	4.442,64 €	4.807,81 €	5.367,72 €
E 15	4.179,74 €	4.637,42 €	4.807,81 €	5.416,39 €	5.878,91 €
TARIFVERTRAG FÜR DEN ÖFFENTLICHEN DIENST DER LÄNDER (TV-L)					
E 14	3.729,09 €	4.136,20 €	4.374,67 €	4.735,28 €	5.287,81 €
E 15	4.118,75 €	4.566,61 €	4.735,28 €	5.334,35 €	5.788,02 €

Quellen: TVöD: Bundesministerium des Innern; TV-L: Landesamt für Finanzen Rheinland-Pfalz

6.

FACHHOCHSCHUL-PROFESSUR

Mit Berufserfahrung zur Professur

6.1 Die Fachhochschulen – Lehrstätten für angewandte Wissenschaft

Schwerpunkt in Lehre und Anwendungsforschung

Entsprechend andere Anforderungen an FH-Professoren

Schon seit einigen Jahren preschen die Fachhochschulen nach vorne und treten selbstbewusst aus dem Schatten der Universitäten heraus. Mehrere haben sich im Zuge ihrer Neuaufstellung bereits umbenannt und tragen jetzt den Namen Hochschule für angewandte Wissenschaften. Praxisorientierung, aber auch der Schwerpunkt auf die Lehre sind die Markenzeichen der Fachhochschulen.

Fachhochschulen bieten anwendungsbezogene Studiengänge und ziehen hoch qualifizierten Nachwuchs für den außerhochschulischen Bereich heran. Ihre fachlichen Schwerpunkte liegen in den Ingenieur-, Medien-, Rechts- und Sozialwissenschaften. Spezielle Verwaltungsfachhochschulen sind zur Ausbildung von Personal für die öffentliche Verwaltung abgestellt.

Forschungsschwerpunkt: Praktische Anwendung

Forschung spielt an vielen Fachhochschulen eine größere Rolle. Auch hier geht es weniger um die Grundlagenforschung als vielmehr um praktische Anwendung. Es gibt vielfältige Kooperationen mit kleinen und mittelständischen Unternehmen, aber auch mit den größeren Unternehmen sowie mit Nichtregierungsorganisationen. Vor allem im ingenieurwissenschaftlichen Bereich ist diese Form der Kooperation besonders häufig anzutreffen. Zunehmend wird an Fachhochschulen auch die Forderung laut, ihnen das Promotionsrecht zuzuerkennen. Mit Abstrichen wurde dies bereits im Rahmen kooperativer Promotionsverfahren erfüllt.

Die Fachhochschulprofessur erfordert andere Karriereschritte als die Universitätsprofessur. Hier werden keine „zusätzlichen wissenschaftlichen Leistungen" vorausgesetzt. Bewerber müssen jedoch einschlägige Erfahrungen in Anwendung und Entwicklung wissenschaftlicher Erkenntnisse und Methoden nachweisen (➻ *Kap. 6.2*).

Wegen der Schwerpunktsetzung auf die Lehre haben Fachhochschulprofessoren eine deutlich höhere Lehrverpflichtung als die Universitätsprofessoren. Dies bedeutet weniger Zeit für die Forschung. Dennoch gewinnt die Einwerbung von Drittmitteln allmählich an Bedeutung (➻ *Kap. 6.3*). Vergütet werden Fachhochschulprofessoren meistens nach W2 (➻ *Kap. 6.4*).

Als Hochschulen für angewandte Wissenschaften setzen Fachhochschulen vor allem auf Praxisorientierung.

6.2 Berufspraxis – Ein Muss für die Fachhochschulprofessur

Drei Jahre außerhalb der Hochschulwelt Pflicht für künftige FH-Professoren

Gilt als Nachweis für Anwendungsorientierung in Lehre und Forschung

Darüber hinaus vor allem Lehrerfahrung sehr wichtig

An die Fachhochschulprofessoren werden andere Anforderungen gestellt als an Universitätsprofessoren. Wesentliches Unterscheidungsmerkmal ist die berufliche Praxis. In sämtlichen Landeshochschulgesetzen wird vorgeschrieben, dass FH-Professoren in ihrem Fachgebiet mindestens eine fünfjährige Berufspraxis in der Entwicklung und Anwendung von wissenschaftlichen Methoden und Erkenntnissen vorweisen müssen. Mindestens drei Jahre davon müssen außerhalb des Hochschulbereichs verbracht werden. Im Gegenzug benötigen die Fachhochschulprofessoren keine „zusätzlichen wissenschaftlichen Leistungen", die Ihre Kollegen an der Universität im Rahmen von Habilitation, Juniorprofessur oder Nachwuchsgruppenleitung sehr wohl erbringen müssen.

Was zählt als Berufserfahrung für die FH-Professur?

Die geforderte berufliche Praxis sieht von Fach zu Fach unterschiedlich aus. Wer im eigenen Fachgebiet in den Lebensläufen von Fachhochschulprofessoren stöbert, wird auch hier ein breites Spektrum von Werdegängen finden. Einige haben erst nach mehreren Jahren in der freien Wirtschaft festgestellt, dass sie ihr Wissen an Studierende weitergeben wollen, und sich daraufhin auf eine Professur beworben. Genau diese langjährige Praxiserfahrung macht sie jedoch für die Fachhochschulen attraktiv – nicht umsonst heißen diese Einrichtungen oft „Hochschule für angewandte Wissenschaften".

Eine Postdoc-Stelle in der freien Wirtschaft (➻ *Kap. 3.8*) bietet Gelegenheit, diese praktischen Erfahrungen auf hohem Niveau zu sammeln. Allerdings finden Sie diese nur in den wenigsten Fachgebieten außerhalb des Hochschul- und Forschungssektors, und so qualifiziert Sie grundsätzlich jede Stelle, in der Sie Ihre fachliche Expertise voll entfalten können, für die FH-Professur.

Letztlich gilt: Ihre berufliche Praxis muss einschlägig sein, das heißt sie muss in einem erkennbaren Zusammenhang stehen mit dem Fach, das Sie unterrichten wollen. Schließlich dient diese Zeit als Nachweis Ihrer Fähigkeit, anwendungsorientiert zu lehren und zu forschen. Viele Hochschulen erwarten zwar, dass diese Tätigkeit in Vollzeit ausgeführt wurde, die meisten aber geben sich auch mit einer Teilzeittätigkeit zufrieden.

Kontakt zur Wissenschaftswelt halten

Lassen Sie während Ihrer Berufspraxis in der freien Wirtschaft nicht den Draht in die Wissenschaftswelt abreißen. Bleiben Sie Mitglied in den Fachgesellschaften und besuchen Sie, wenn möglich, gelegentlich Tagungen. Vor allem aber sollten Sie auch regelmäßig Lehraufträge an einer Fachhochschule annehmen. FH-Professoren müssen doppelt so viele Lehrveranstaltungen halten wie ihre Kollegen an den Universitäten – entsprechend sind belastbare Erfahrungen in der Lehre bei Bewerbungen von großem Vorteil.

Berufspraxis an außeruniversitärer Forschungseinrichtung?

Auch die Tätigkeit an einer außeruniversitären Forschungseinrichtung kann als externe Berufspraxis anerkannt werden, jedoch wird dies an den einzelnen Fachhochschulen unterschiedlich gehandhabt. Dabei macht es einen Unterschied, an welchem Institut Sie waren und wie praxisnah die Forschung dort ist. Ein Aufenthalt an einem Fraunhofer-Institut wird meist als die erforderliche Berufspraxis außerhalb der Hochschule gewertet, eine Stelle bei einem Max-Planck-Institut hingegen nicht unbedingt, da die Institute in erster Linie Grundlagenforschung betreiben.

WO SAMMELN FH-PROFESSOREN IHRE BERUFSPRAKTISCHEN ERFAHRUNGEN?

Außeruniversitäre Forschungseinrichtungen

Industrieunternehmen

Hochschule

Selbstständigkeit

Beratungsunternehmen

Wer hingegen seine gesamte Forschungslaufbahn ausschließlich an Hochschulen und Universitäten zugebracht hat, hat bei der Bewerbung auf eine FH-Professur schlechtere Karten. Habilitierte müssen sich in der Bewerberrunde definitiv auf die Frage einstellen, warum sie an einer Fachhochschule arbeiten wollen.

Im Einzelfall kann die Habilitation jedoch auch als hinreichende Berufserfahrung anerkannt werden, allerdings sollten Sie den Praxisbezug Ihrer Habilitation im Bewerbungsanschreiben erläutern. Gerade wenn eine Fachhochschulprofessur wiederholt ausgeschrieben wurde, weil es keine passenden Bewerber gab, sind die Berufungskommissionen zu Kompromissen bereit.

6.3 Professoren an Fachhochschulen

Berufspraxis außerhalb der Hochschule nötig

Lehre und anwendungsbezogene Forschung stehen im Vordergrund

Fachhochschulprofessoren stehen weniger im Fokus als ihre Kollegen an den Universitäten, und doch sind sie ihnen zahlenmäßig fast ebenbürtig. Etwa 18.600 Professoren lehrten 2014 an den Fachhochschulen in Deutschland. Die gesetzlichen Vorgaben an die Berufung von Fachhochschulen sind die gleichen wie an den Universitäten: Die Professur muss öffentlich ausgeschrieben werden (➜ *Kap. 7.1.1*), eine Berufungskommission kommt zum Einsatz (➜ *Kap. 7.1.2*), die aus den Bewerbern den am besten geeigneten Kandidaten zum „Vorsingen" einlädt (➜ Kap. *7.1.5*). Die drei besten Bewerber kommen auf die Berufungsliste. Haben die jeweils erforderlichen Gremien dieser zugestimmt, dann erhält der Erstplatzierte den Ruf.

Auch FH-Professoren haben das Recht, den Titel „Professor" zu führen. Hier gibt es keinen Unterschied zur Universitätsprofessur. Föderale Unterschiede gibt es jedoch, wenn ein Professor aus dem Hochschuldienst ausscheidet. Der Professoren-Titel darf dann weitergeführt werden, wenn der Professor bereits die Altersgrenze erreicht hat oder dienstunfähig wird. Meist gibt es in den jeweiligen Gesetzen aber einen zusätzlichen Passus, wonach unter bestimmten Bedingungen ein Professor bereits nach fünf oder sechs Jahren Dienstzeit seinen Titel behalten darf.

18.573

Fachhochschulprofessoren gab es 2014 in Deutschland

Quelle: Statistisches Bundesamt

Anforderungen an FH-Professoren

Für die Fachhochschulprofessur wird eine einschlägige Promotion als Nachweis der Befähigung zu wissenschaftlicher Arbeit benötigt. Ausnahmen sind nur äußerst selten möglich. Der Hochschullehrerbund, der Berufsverband der Professoren an Fachhochschulen, empfiehlt Interessierten außerdem, sich langfristig auf eine solche Bewerbung vorzubereiten. Ihr Arbeitsgebiet sollte nicht zu eng gefasst werden. Schärfen Sie – wie auch im universitären Forschungsbetrieb – Ihr wissenschaftliches Profil zum Beispiel durch Veröffentlichungen und Fachvorträge. Sammeln Sie zudem Lehrerfahrungen durch Lehraufträge, Vertretungs- und Gastprofessuren. Auch Tätigkeiten als Ausbilder in einem Unternehmen werden als Lehrerfahrung

WELCHE VORAUSSETZUNGEN MÜSSEN FH-PROFESSOREN ERFÜLLEN?

Abgeschlossenes Hochschulstudium

Promotion

Erfahrung in Anwendung und Entwicklung wissenschaftlicher Erkenntnisse und Methoden

Berufserfahrung außerhalb des Hochschulsektors

Publikationen

Lehrerfahrung

anerkannt. Zudem sollten Sie Mitglied in den einschlägigen Netzwerken, Fachgesellschaften und Berufsverbänden sein und die dort angebotenen Möglichkeiten auch tatsächlich nutzen (➻ *Kap. 2*). Anders als an der Universität sind die Habilitation oder ähnliche Leistungen hingegen nicht erforderlich. Stattdessen müssen Sie eine fünfjährige berufliche Praxis mit Erfahrungen bei der Anwendung oder Entwicklung von wissenschaftlichen Erkenntnissen und Methoden mitbringen (➻ *Kap. 6.2*). Mindestens drei Jahre davon sollten Sie außerhalb der Hochschule absolviert haben.

Aufgabenfelder von FH-Professoren

Einige Wissenschaftler, die im Berufungsverfahren der Universitäten bisher gescheitert sind, versuchen über den Umweg der FH-Professur ihr eigentliches Ziel zu erreichen. Dieses Vorgehen kann von Erfolg gekrönt sein, wenn Sie an einer drittmittelstarken FH arbeiten und den Kontakt zur universitären Welt nicht abreißen lassen. Den Fachhochschulen ist an der Rolle als Lückenbüßerin berechtigterweise nur wenig gelegen. Wenn Sie sich also mit einer Habilitation oder vergleichbaren Forschungserfahrungen, die Sie zum Universitätsprofessor qualifizieren, an einer FH bewerben, müssen Sie sich entsprechend auf sehr kritische Nachfragen einstellen.

Die Vermittlung von Wissen steht an den Fachhochschulen im Vordergrund. Entsprechend ist die Lehrverpflichtung der dortigen Professoren mit zumeist 18 Semesterwochenstunden doppelt so hoch wie an den Universitäten. (➻ Kap. *7.1.3*). Zur Vor- und Nachbereitung der Lehrveranstaltungen kommen noch Verwaltungstätigkeiten und die Forschung hinzu. Die Einwerbung von Drittmitteln ist an Fachhochschulen weniger wichtig als an den Universitäten, rückt aber durch die stärkere Ausrichtung zur Anwendungsforschung zunehmend in den Fokus.

Fachhochschulprofessuren werden oft mit sehr spezifischem Anforderungsprofil ausgeschrieben. Dieses wird jedoch nur in den seltensten Fällen erfüllt. Daher ist es wichtig, dass Sie sich im Vorfeld überlegen, mit welchen Erfahrungen Sie dem gesuchten Profil entsprechen, und welche zusätzlichen Erfahrungen, Netzwerke und mögliche Kooperationspartner Sie mitbringen, von denen Studierende und Fachhochschule profitieren können (➻ *Kap. 7.1.4*).

6.4 Das Gehalt von Fachhochschulprofessoren

W3-Besoldung an Fachhochschulen nur in Ausnahmefällen

Leistungszulagen müssen ausgehandelt werden

Fachhochschulprofessoren sind in der Regel Beamte und werden wie ihre Kollegen an den Universitäten auch nach W2 oder W3 besoldet (➜ *in Kap. 7.2.2 finden Sie eine aktuelle Tabelle zu den W-Gehältern*). Allerdings werden die Fachhochschulprofessoren nur in den seltensten Fällen nach der W3-Besoldung vergütet.

Leistungsbezüge auch für FH-Professoren

Auch als Fachhochschulprofessor erhalten Sie zusätzlich zur Grundbesoldung Leistungsbezüge, die Sie bei Ihrer Berufung, bei Bleibeverhandlungen, aber auch nach Ablauf von jeweils fünf Jahren aushandeln können. Das gilt auch für Professoren, die keine Beamten sind, sondern Angestellte ihrer Hochschulen. Diese Zulagen werden für besondere Leistungen in Lehre, Forschung, Kunst, Weiterbildung, Nachwuchsförderung, Selbstverwaltung und anderen Bereichen gewährt. Sie können auf das spätere Ruhegehalt angerechnet werden (➜ *Kap. 7.2.3*). Für spezielle Leitungsfunktionen gibt es zudem noch Funktionsleistungsbezüge. Das betrifft in der Regel die Rektoren, Dekane und Frauenbeauftragten.

Die Vergabe von Leistungsbezügen wird vom Bundesland gesetzlich geregelt. Viele Fachhochschulen haben eine eigene Ordnung für die Vergabe von Leistungsbezügen, in der das Verfahren, die Vergabebedingungen sowie die maximale Höhe dieser Bezüge festgelegt sind.

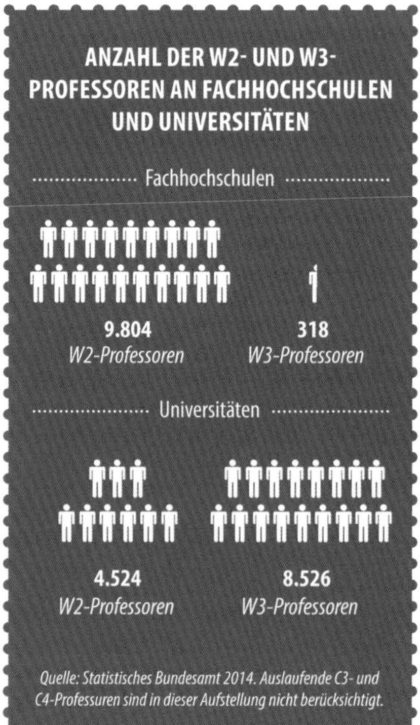

7.

DAS ZIEL VOR AUGEN:

Die Professur

7.1 Gerangel um den ersten Listenplatz – Das Berufungsverfahren

Öffentliche Ausschreibung von Professuren grundsätzlich vorgeschrieben

Verfahren wird durch Berufungsordnung festgelegt

Zwei Jahre von der Ausschreibung bis zur tatsächlichen Besetzung nicht unüblich

Wer eine Professur ergattern will, muss durch das Berufungsverfahren. Diese Verfahren haben das Ziel, den besten Kandidaten für die Professur zu finden. Fachliche Exzellenz allein reicht dafür nicht: Sie müssen sich in Ihren Bewerbungsunterlagen bestens präsentieren, bei einem öffentlichen Vortrag eine gute Figur machen und Verhandlungsgeschick beweisen, wenn es um die Eckpunkte der Professur geht.

7.1.1 Die Ausschreibung von Professuren

Die Professur muss nach den Landeshochschulgesetzen öffentlich und möglichst international ausgeschrieben werden. Von der Ausschreibung kann abgesehen werden, wenn eine Juniorprofessur mit Tenure-Track-Option (➻ *Kap. 5.1.4*) in eine reguläre Professur umgewandelt wird. Wo und wie eine Stelle auszuschreiben ist, wird in der Berufungsordnung festgelegt, ebenso wie das weitere Verfahren.

Die Ausschreibungen finden Sie auf den Seiten der Hochschulen, bei den Fachgesellschaften und in den einschlägigen Fachzeitschriften, in den überregionalen Zeitungen sowie auf Karriereportalen, wie ➻ *www.academic de*, im Internet.

Im Ausschreibungstext ist das fachliche Anforderungsprofil enthalten. Bei Bewerbungen auf die Stelle sollten Sie dieses als Leitfaden nehmen und zu allen Punkten Ihre persönliche Qualifikation darlegen. Bewerbungen, die die Anforderungen nicht abdecken, werden von den Berufungskommissionen in der Regel sofort aussortiert. Oft enthält die Ausschreibung einen Hinweis darauf, ob Reisekosten erstattet werden. Die Bewerbungsfrist liegt in der Regel bei mindestens vier Wochen.

Bis zur Ausschreibung ist es ein langer Weg

Bis es zur Ausschreibung einer Professur kommt, verstreicht geraume Zeit. Steht zum Beispiel eine Emeritierung an, muss das Institut dies der Hochschulleitung eineinhalb bis zwei Jahre vorher anzeigen, damit diese ihre Planung entsprechend

Der erste Listenplatz ist hart umkämpft.

ausrichten kann. Je nach Berufungsordnung der Hochschule und den gesetzlichen Gegebenheiten verhandeln Institut und Hochschulleitung über die Notwendigkeit, die Professur zu besetzen, ihre inhaltliche Ausgestaltung und den finanziellen Rahmen. In einigen Bundesländern muss auch das Wissenschaftsministerium seine Zustimmung zur Ausschreibung der Professur geben. An einigen Hochschulen liegt diese Entscheidung beim akademischen Senat. Dann kann den öffentlich zugänglichen Protokollen entnommen werden, in welcher Form und Denomination die Professur ausgeschrieben wird.

Der Ablauf des Berufungsverfahrens

Nach der Ausschreibung wird durch die Fakultät eine Berufungskommission eingesetzt (➻ *Kap. 7.1.2*). Diese sichtet die eingehenden Bewerbungen (➻ *Kap. 7.1.4*), organisiert die Bewerbungsrunde, zu der sechs bis acht geeignete Kandidaten eingeladen werden, einen öffentlichen Vortrag zu halten und sich der Berufungskommission persönlich vorzustellen (➻ *Kap. 7.1.5*). Aus den verbliebenen Bewerbern wählt die Kommission drei am besten geeignete Kandidaten aus und setzt sie in gewichteter Reihenfolge auf die Berufungsliste. Der auf der Liste ganz oben platzierte, erhält den Ruf und tritt mit der Hochschule in Berufungsverhandlungen (➻ *Kap. 7.1.6*).

Von der Ausschreibung bis zur Besetzung der Professur muss man mindestens ein halbes Jahr, oft auch bis zu zwei Jahre, einplanen. Eine aktuelle Übersicht mit den verschiedenen Anforderungen der einzelnen Bundesländer, die von Gesetzes wegen an die Professoren gestellt werden, finden Sie in ➻ *Kapitel 7.1.3*.

7.1.2 Die Berufungskommission – Zuständig für das gesamte Berufungsverfahren

Spätestens mit Ablauf der Bewerbungsfrist setzt die Fakultätsleitung eine Berufungskommission ein. Ihr gehören je nach Landesgesetz und Berufungsordnung die verschiedenen an der Fakultät vertretenen Stände an – Vertreter der Professoren, des akademischen Mittelbaus und der Studierenden. Die Professoren sind dabei grundsätzlich in der Überzahl gegenüber allen anderen Gruppen; die Studierenden hingegen haben bisweilen kein Stimmrecht.

Wegen der strukturellen Benachteiligung von Frauen in der Professorenschaft sind außerdem die Gleichstellungsbeauftragten teilnahme- oder auch stimmberechtigt; bei der Bewerbung von Schwerbehinderten wird zudem die Schwerbehindertenvertretung hinzugezogen. Oft können auch andere Institute der Hochschule einen Vertreter in die Kommission entsenden. Viele Kommissionen ziehen außerdem ein bis zwei Professoren aus einer anderen Hochschule als externe Gutachter hinzu. Die konkrete Zusammensetzung der Berufungskommission legt die Berufungsordnung fest.

Das Ziel: Den geeignetsten Bewerber finden

Aufgabe der Berufungskommission ist es, einen geeigneten Bewerber zu finden, der Forschung und Lehre des jeweiligen Instituts sinnvoll ergänzen und voranbringen kann. Dazu sichtet sie die eingehenden Unterlagen. Oft werden Synopsen erstellt, in denen die Qualifikationen der Bewerber vergleichend gegenübergestellt werden. Bewerbungen, die nicht vollständig dem Anforderungsprofil entsprechen, werden aussortiert. Deshalb sollten Sie in Ihrer Bewerbung unbedingt auf jede in der Ausschreibung geforderte Qualifikation eingehen und darlegen, welche Erfahrungen Sie dazu bereits haben.

Zunächst Sichtung und Auswahl durch Kommission

Gerade wenn viele Bewerbungen eingehen, teilen sich die Kommissionsmitglieder oft die Sichtungsarbeit und stellen sich in einem kurzen Abriss die Bewerber gegenseitig vor. An diesem Punkt sind Sie leider darauf angewiesen, dass Sie mit Ihren Qualifikationen korrekt und wohlwollend präsentiert werden. Umso mehr sollten Sie darauf achten, dass die Stärken, die Sie für die Professur besonders attraktiv machen, dem Leser sofort ins Auge springen.

Aus den eingegangenen Bewerbungen wählt die Berufungskommission mehrere geeignete Kandidaten für das „Vorsingen" (➻ *Kap. 7.1.5*) aus. Dieses erstreckt sich dann wiederum über ein bis zwei Tage. Zu guter Letzt bestimmt die Kommission die Berufungsliste und damit die Top 3 der gewünschten Kandidaten für die zu besetzende Stelle. Viele Kommissionen arbeiten bei dieser Entscheidungsfindung den Kriterienkatalog der jeweiligen Hochschule ab, durch den der Auswahlprozess nachvollziehbar gestaltet werden soll. Der Berufungsliste dürfen auch Personen hinzugefügt werden, die sich gar nicht beworben haben. Auch Zweier- und Einerlisten sind möglich. Sollten zu wenige passende Bewerbungen eingegangen sein, oder haben sich beispielsweise auch zu wenige Frauen beworben, kann sich die Kommission für eine erneute Ausschreibung derselben Stelle entscheiden oder beantragen, dass die Professur mit anderer Schwerpunktsetzung geschaffen wird. Allerdings verzögert sich das Verfahren hierdurch häufig um Monate.

Dann Vorstellung der Dreierliste innerhalb der Institutionen

Hat die Berufungskommission die Dreierliste beschlossen, beginnt der Gang durch die Institutionen. Sowohl der Fakultätsrat, der akademische Senat als auch die Hochschulleitung müssen noch zustimmen, können durchaus noch zusätzliche Änderungen an der Liste vornehmen oder das Verfahren insgesamt neu aufrollen lassen. In verschiedenen Bundesländern wurde das Zustimmungsrecht des akademischen Senats jedoch bereits gekippt. In diesem Fall prüft dann ein Berufungsbeauftragter, inwieweit das Verfahren korrekt und entsprechend den Interessen der jeweiligen Hochschule verlaufen ist.

Ob Sie selbst in der engeren Auswahl für eine Professur waren, erfahren Sie erst zu einem sehr späten Zeitpunkt. Gemäß der jeweiligen Berufungsordnung der Hochschule erhalten Sie eine Absage und – sofern Sie auf der Berufungsliste waren – eine entsprechende Mitteilung über den erreichten Listenplatz, nachdem der Ruf an den Erstplatzierten erteilt wurde oder spätestens kurz vor seiner Ernennung zum Professor.

DER ABLAUF DES BERUFUNGSVERFAHRENS

-1- AUSSCHREIBUNG DER STELLE

-2- SICHTUNG DER BEWERBUNGEN DURCH DIE BERUFUNGSKOMMISSION, ERSTELLUNG EINER BEWERBERSYNOPSE

-3- BEWERBERRUNDE MIT ÖFFENTLICHEM VORTRAG UND NICHTÖFFENTLICHER DISKUSSION

-4- ERSTELLUNG DER DREIERLISTE DURCH DIE BERUFUNGSKOMMISSION

-5- ABSTIMMUNG ZUR LISTE DURCH WEITERE HOCHSCHULGREMIEN

-6- RUFERTEILUNG AN DEN ERSTPLATZIERTEN

-7- BERUFUNGSVERHANDLUNG

-8- RUFANNAHME UND ERNENNUNG ZUM PROFESSOR ODER RUFABLEHNUNG

Verschwiegenheit über Verfahren

Die Sitzungen der Berufungskommission sind nicht öffentlich. Es muss Protokoll geführt werden, jedoch dürfen nur die Kommissionsmitglieder und, falls üblich, deren Stellvertreter die Sitzungsprotokolle einsehen. Die Kommissionsmitglieder sind zudem zur Verschwiegenheit verpflichtet. Auch Fakultätsangehörige und Bewerber dürfen keine inhaltlichen Details aus den Sitzungen erfahren. Bei einem Verstoß ist mit dienst- oder arbeitsrechtlichen Konsequenzen zu rechnen. Nur der Vorsitzende der Kommission sowie die Frauenbeauftragte dürfen nach klaren Vorgaben Informationen zum Verfahren geben.

Leitfäden für Berufungsverfahren

All die Verschwiegenheit hat freilich zur Folge, dass das Auswahlverfahren intransparent ist. Zwar haben viele Hochschulen Extra-Leitfäden für Berufungsverfahren herausgegeben, in denen die Kommissionen zu einer möglichst nachvollziehbaren Durchführung des Verfahrens angehalten werden. Darin finden sich beispielsweise auch Hinweise, wie mit Befangenheit von Kommissionsmitgliedern oder mit unterschiedlichen wissenschaftlichen Leistungen aufgrund verschiedener Lebensalter oder Auszeiten für Erziehung und Pflege etc. umgegangen werden könnte.

Allerdings lässt sich auch mithilfe von Protokollen und Leitfäden nicht verhindern, dass innerhalb von Berufungskommissionen unter Umständen institutsinterne Querelen ausgetragen werden, mit der Folge, dass kein mehrheitsfähiger Kandidat gefunden wird und sich das Verfahren in die Länge zieht oder dass Kandidaten bisweilen auch schon vor dem formellen Verfahren feststehen. Für viele Bewerber bedeutet das enormen Verdruss, gerade wenn sie eigentlich perfekt auf eine Stelle passen, über eine ausgezeichnete Publikationsliste verfügen und dann doch nur auf dem zweiten Listenplatz landen.

WERDEN SIE MITGLIED EINER BERUFUNGSKOMMISSION

Versuchen Sie bereits als Student oder als wissenschaftlicher Mitarbeiter, Mitglied einer Berufungskommission zu werden. Dadurch gewinnen Sie wertvolle Erfahrungen, wie Bewerber sich präsentieren, welche formalen und gestalterischen Elemente Sie später bei der Bewerbung berücksichtigen sollten, wie Entscheidungen zustande kommen und, nicht zuletzt, wie diese Kommissionen allgemein „ticken". Die Mitglieder der Berufungskommission werden von ihrer jeweiligen Statusgruppe entsandt. Nehmen Sie dazu am besten als Student mit dem Fachschaftsrat und als wissenschaftlicher Mitarbeiter mit Ihrer Mittelbauvertretung Kontakt auf. Wenn Sie dort kein Unbekannter sind und man Sie und Ihr Engagement zu schätzen weiß, umso besser.

7.1.3 Gesetzliche Anforderungen an Professoren

Grundsätzlich sind die gesetzlichen Anforderungen an Professoren in den meisten Bundesländern sehr ähnlich. Als fachliche Einstellungsvoraussetzungen werden in der Regel die Habilitation und die Juniorprofessur genannt, aber auch „Tätigkeiten als wissenschaftlicher Mitarbeiter", eine „wissenschaftliche Tätigkeit", die sowohl in der Wirtschaft als auch anderen gesellschaftlichen Sektoren erbracht werden darf, oder weitere „zusätzliche wissenschaftliche Leistungen" werden anerkannt – die Gesetze operieren hier mit unterschiedlichen Begrifflichkeiten und setzen bisweilen verschiedene Schwerpunkte.

BADEN-WÜRTTEMBERG

Wissenschaftliche Voraussetzungen: Habilitation, Juniorprofessur, Dozentur o. a. wissenschaftl. Tätigkeit

Lehrdeputat Uni: 9 SWS (mit Schwerpunkt in der Lehre 10-12 SWS)

Lehrdeputat FH: 18 SWS

Befristung bei Erstberufung: Probezeit bei FH-Professoren, Uni-Professoren werden sofort auf Lebenszeit verbeamtet

Einstellungsaltersgrenze bei Erstberufung: keine

Höchstalter für Verbeamtung auf Lebenszeit: 47 Jahre, Ausnahmen möglich, Zustimmung des Finanzministeriums ab Vollendung des 52. Lebensjahrs

BAYERN

Wissenschaftliche Voraussetzungen: Habilitation, Juniorprofessur, zusätzl. wissenschaftliche Leistungen

Lehrdeputat Uni: 9 SWS

Lehrdeputat FH: 18 SWS

Befristung bei Erstberufung: keine

Einstellungsaltersgrenze bei Erstberufung: keine

Höchstalter für Verbeamtung auf Lebenszeit: 52 Jahre

BERLIN

Wissenschaftliche Voraussetzungen: Habilitation, Juniorprofessur, Tätigkeit als wissenschaftl. Mitarbeiter

Lehrdeputat Uni: 9 SWS

Lehrdeputat FH: 18 SWS

Befristung bei Erstberufung: nicht vorgesehen

Einstellungsaltersgrenze bei Erstberufung: keine

Höchstalter für Verbeamtung auf Lebenszeit: keine; Hochschulen entscheiden in eigener Zuständigkeit und Verantwortung, in welchen Fällen Professoren bei einer Überschreitung des 50. Lebensjahrs als Beamte auf Lebenszeit eingestellt werden

BRANDENBURG

Wissenschaftliche Voraussetzungen: Habilitation, Juniorprofessur, Tätigkeit als Akademischer Mitarbeiter, außeruniversitäre wissenschaftliche Tätigkeit

Lehrdeputat Uni: 8 SWS (Profs mit Schwerpunkt Lehre: 10-12 SWS)

Lehrdeputat FH: 18 SWS (Profs mit Schwerpunkt Forschung: 9-12 SWS)

Befristung bei Erstberufung: 2-5 Jahre zulässig, aber nicht vorgeschrieben

Einstellungsaltersgrenze bei Erstberufung: keine

Höchstalter für Verbeamtung auf Lebenszeit: 50 Jahre

BREMEN

Wissenschaftliche Voraussetzungen:
Juniorprofessur, Tätigkeit als wissenschaftlicher Mitarbeiter, Habilitation

Lehrdeputat Uni: 8-10 SWS (Empfehlung: 10)

Lehrdeputat FH: 18 SWS

Befristung bei Erstberufung: 5 Jahre möglich

Einstellungsaltersgrenze bei Erstberufung:
keine gesetzlichen Regelungen

Höchstalter für Verbeamtung auf Lebenszeit: 55 Jahre

HAMBURG

Wissenschaftliche Voraussetzungen:
in der Regel Juniorprofessur, wissenschaftliche Tätigkeit

Lehrdeputat Uni: 9 SWS

Lehrdeputat FH: 18 SWS

Befristung bei Erstberufung: Befristung bis max. 6 Jahre

Einstellungsaltersgrenze bei Erstberufung: keine

Höchstalter für Verbeamtung auf Lebenszeit: 50 Jahre

HESSEN

Wissenschaftliche Voraussetzungen:
Habilitation, Juniorprofessur

Lehrdeputat Uni: 9 SWS

Lehrdeputat FH: 18 SWS

Befristung bei Erstberufung: Probezeit von drei Jahren

Einstellungsaltersgrenze bei Erstberufung: keine

Höchstalter für Verbeamtung auf Lebenszeit: 50 Jahre

MECKLENBURG-VORPOMMERN

Wissenschaftliche Voraussetzungen:
Habilitation, vergleichbare wissenschaftliche Leistungen (in der Regel Juniorprofessur)

Lehrdeputat Uni: 8 SWS

Lehrdeputat FH: 18 SWS

Befristung bei Erstberufung: keine gesetzlichen Regelungen

Einstellungsaltersgrenze bei Erstberufung:
keine gesetzlichen Regelungen

Höchstalter für Verbeamtung auf Lebenszeit: 50 Jahre

NIEDERSACHSEN

Wissenschaftliche Voraussetzungen:
Habilitation, Juniorprofessur, Tätigkeit als wissenschaftl. Mitarbeiter

Lehrdeputat Uni: 8 SWS (Schwerpunkt Lehre: 12 SWS)

Lehrdeputat FH: 18 SWS

Befristung bei Erstberufung: möglich bis zu fünf Jahre

Einstellungsaltersgrenze bei Erstberufung: 50 Jahre

Höchstalter für Verbeamtung auf Lebenszeit: keine gesetzlichen Regelungen

NORDRHEIN-WESTFALEN

Wissenschaftliche Voraussetzungen:
Habilitation, Juniorprofessur, Tätigkeit als wissenschaftlicher Mitarbeiter

Lehrdeputat Uni: 9 SWS

Lehrdeputat FH: 18 SWS

Befristung bei Erstberufung: nur bei Juniorprofessoren 3 Jahre

Einstellungsaltersgrenze bei Erstberufung: keine

Höchstalter für Verbeamtung auf Lebenszeit: 50 Jahre

RHEINLAND-PFALZ

Wissenschaftliche Voraussetzungen:
Habilitation, Juniorprofessur, Tätigkeit als wissenschaftlicher Mitarbeiter

Lehrdeputat Uni: 9 SWS

Lehrdeputat FH: 18 SWS

Befristung bei Erstberufung: nicht vorgesehen

Einstellungsaltersgrenze bei Erstberufung: keine

Höchstalter für Verbeamtung auf Lebenszeit: 50 Jahre

SAARLAND

Wissenschaftliche Voraussetzungen:
Habilitation, Juniorprofessur, Tätigkeit als wissenschaftlicher Mitarbeiter

Lehrdeputat Uni: 9 SWS

Lehrdeputat FH: 18 SWS

Befristung bei Erstberufung: in der Regel keine, max. 5 Jahre

Einstellungsaltersgrenze bei Erstberufung: keine

Höchstalter für Verbeamtung auf Lebenszeit: 55 Jahre

SACHSEN

Wissenschaftliche Voraussetzungen:
Habilitation, Juniorprofessur oder gleichwertige wissenschaftliche Tätigkeit

Lehrdeputat Uni: 8 SWS

Lehrdeputat FH: 18 SWS

Befristung bei Erstberufung: nicht vorgesehen, max. 6 Jahre

Einstellungsaltersgrenze bei Erstberufung: keine

Höchstalter für Verbeamtung auf Lebenszeit: 52 Jahre

SACHSEN-ANHALT

Wissenschaftliche Voraussetzungen:
Habilitation, Juniorprofessur oder gleichwertige wissenschaftliche Leistungen

Lehrdeputat Uni: 8 SWS

Lehrdeputat FH: 14 SWS

Befristung bei Erstberufung: keine gesetzliche Regelung

Einstellungsaltersgrenze bei Erstberufung: keine gesetzliche Regelung

Höchstalter für Verbeamtung auf Lebenszeit: 45 Jahre

SCHLESWIG-HOLSTEIN

Wissenschaftliche Voraussetzungen:
Habilitation, Juniorprofessur oder gleichwertige wissenschaftliche Leistungen

Lehrdeputat Uni: 9 SWS

Lehrdeputat FH: 18 SWS

Befristung bei Erstberufung: 2 Jahre

Einstellungsaltersgrenze bei Erstberufung: keine

Höchstalter für Verbeamtung auf Lebenszeit:
ab 52 Jahre Einwilligung des Finanzministeriums nötig

THÜRINGEN

Wissenschaftliche Voraussetzungen:
Habilitation, Juniorprofessur, Tätigkeit als wissenschaftlicher Mitarbeiter

Lehrdeputat Uni: 9 SWS

Lehrdeputat FH: 18 SWS

Befristung bei Erstberufung: mind. 3 Jahre, max. 6 Jahre als Beamter oder Angestellter auf Zeit

Einstellungsaltersgrenze bei Erstberufung: keine

Höchstalter für Verbeamtung auf Lebenszeit: 52 Jahre

7.1.4 Die Bewerbung für eine Professur

Die Bewerbung für eine Professur ist eine Wissenschaft für sich, und entsprechend aufwendig ist es, die Bewerbungsunterlagen zu erstellen. Es gibt kein Standardvorgehen. Jedes Fach hat seine Besonderheiten, die es zu beachten gilt. Wenn Sie sich auf eine ausgeschriebene Stelle bewerben wollen, sollten Sie zunächst bei der jeweiligen Fakultät nachfragen, welche formalen Anforderungen dort an Bewerbungen gestellt werden. Oft finden Sie dazu Merkblätter im Dekanatssekretariat.

NUR KEINE BESCHEIDENHEIT

Präsentieren Sie selbstbewusst Ihre Erfahrungen, Publikationen und Kontakte! Das gilt vor allem für Frauen, die sich oft kleiner machen als sie tatsächlich sind.

Gefordertes Profil beachten

Im Bewerbungsschreiben sollten Sie sich klar und kompakt auf maximal zwei Seiten positionieren. Sie sollten Ihre fachliche Qualifikation für genau diese Stelle vermitteln. Viele Bewerbungen werden sofort aussortiert, weil sie nicht dem geforderten Profil entsprechen. Arbeiten Sie darum unbedingt alle Punkte ab, die in der Ausschreibung genannt sind. Wichtig sind die Quelle, bei der Sie die Ausschreibung gesehen haben, und der Grund für Ihre Bewerbung auf genau diese Professur.

Auch Ihren Lebenslauf sollten Sie auf die Anforderungen dieser Stelle hin überarbeiten. Die Mitglieder der Berufungskommission sollten auf einen Blick erkennen, inwieweit Ihre früheren Tätigkeiten auf das gewünschte fachliche Profil passen. Viele Berufungskommissionen arbeiten mit Synopsen, in denen die Qualifikationen der Bewerber vergleichend dargestellt werden.

Forschungserfahrung belegen

Üblich sind zudem Verzeichnisse über Forschungsprojekte, Publikationen, eingeworbene Drittmittel, Lehrveranstaltungen, Vorträge und betreute Abschlussarbeiten. Ergänzen Sie auch eine Liste, in der Sie bereits erreichte Listenplätze und, je nach Usus in Ihrem Fach, auch Einladungen zu Probevorlesungen früherer Bewerbungen auf eine Professur aufführen. Damit wird ersichtlich, dass Sie schon bei anderen Auswahlverfahren punkten konnten. Berufungskommissionen schätzen zudem die Vorarbeit ihrer Kollegen.

Ihre Bewerbung sollten Sie nutzergerecht gestalten. Versetzen Sie sich dabei in die Lage eines Lesers, der den Text noch nicht kennt. Die Schrift sollte gut lesbar und nicht zu klein sein. Auch werden die Unterlagen kopiert und entsprechend schnell unleserlich, wenn das Papier nicht reinweiß ist. Auch der Blick eines Dritten kann hilfreich sein. Professionelle Unterstützung für den Check Ihrer Bewerbungsmappe erhalten Sie auch auf ➛ *www.academics.de/bewerbungsmappencheck*.

FÜNF TIPPS FÜR DIE BEWERBUNG

VON RECHTSANWÄLTIN DR. JULIANE LORENZ, JUSTITIARIN UND BEWERBUNGSCOACH BEIM DEUTSCHEN HOCHSCHULVERBAND

1. FOKUS AUF DAS ANFORDERUNGSPROFIL

Analysieren Sie den Ausschreibungstext genau und arbeiten das konkrete Anforderungsprofil der Stelle heraus! Stellen Sie sich vor, Sie sind Mitglied der Berufungskommission. Wen wollen Sie für diese Professur gewinnen?

2. RAHMENBEDINGUNGEN VOR ORT KENNEN

Informieren Sie sich über die Rahmenbedingungen vor Ort. Recherchieren Sie beispielsweise mögliche Ausrichtungen oder Zukunftspläne der jeweiligen Fakultät bzw. Hochschule. Hilfreich können in diesem Zusammenhang auch konkrete Entwicklungsplanungen, das Leitbild der Hochschule bzw. Zielvereinbarungen mit dem jeweiligen Landesministerium sein. Gleiches gilt für Hintergrundinformationen zur ausgeschriebenen Professur.

3. BERUFUNGSBEDINGUNGEN KENNEN

Informieren Sie sich auch über die Berufungsbedingungen vor Ort. An vielen Hochschulen wird mittlerweile mit Berufungsleitfäden gearbeitet. Diese enthalten mitunter Kriterienkataloge, die seitens der Berufungskommission angewendet werden. Kriterien sind hier beispielsweise Einschlägigkeit, inhaltliche Passung, Internationalität oder Erfolge bei der Einwerbung von Drittmitteln. Diese Kriterien sollten Sie im Rahmen Ihres Anschreibens mit berücksichtigen.

4. AUSSAGEKRÄFTIGES ANSCHREIBEN ERSTELLEN

Erstellen Sie ein aussagekräftiges Anschreiben und legen Sie hier Ihre Passgenauigkeit für die zu besetzende Stelle dar. Gehen Sie dabei auf Ihre Erfahrungen in Forschung, Lehre, Nachwuchsförderung sowie Ihr eigenes Forschungs- bzw. Lehrprofil ein und nehmen Bezug zum Profil der hier ausgeschriebenen Stelle. Sinnvoll kann darüber hinaus – soweit nicht ohnehin bereits erbeten – auch die Erstellung eines Forschungs- bzw. Lehrkonzeptes sein. Hierin können Sie Ihre konkreten Vorstellungen zur Ausgestaltung der Professur bzw. Ihre Schwerpunktsetzungen zum Ausdruck bringen und damit der Berufungskommission zeigen, dass Sie sich bereits sehr intensiv mit der zu besetzenden Professur sowie der Einrichtung beschäftigt haben.

5. BEWERBUNGSUNTERLAGEN GUT STRUKTURIEREN

Da viele Kommissionen mit sog. „Bewerbersynopsen", also mit Bewerberspiegeln, arbeiten, um eine schnelle, vergleichende Betrachtung der Kandidaten vornehmen zu können, sollten Sie die Bewerbungsunterlagen so anordnen, dass die notwendigen Informationen schnell und korrekt erfasst werden können. Angesichts der Fülle der Bewerbungsunterlagen empfiehlt sich auch die Erstellung eines Bewerbungsvorblattes bzw. Inhaltsverzeichnisses.

Ausführlichere Tipps für den Weg zur Professur finden Sie im Interview mit Dr. Juliane Lorenz auf academics.de

DAS ANSCHREIBEN

Anschreiben, ggf. mit einem professionellen Bewerbungsfoto (Umfang: maximal zwei Seiten)

Darstellung Ihrer Bewerbungsabsicht
Vermeiden Sie Floskeln und Standardsätze (Möglichst nicht „Hiermit bewerbe ich mich …"), Verweis darauf, wo Sie die Ausschreibung gesehen haben

Highlights Ihrer Vita in Anlehnung an alle im Ausschreibungstext geforderten Fähigkeiten und Erfahrungen. Passgenauigkeit für diese Stelle herausarbeiten (z.B. auch Drittmittelerfolge, Kooperationen und Drittmittel, die mitgebracht werden können, eigene Lehre, positive Evaluierung der Lehre)

Warum diese Hochschule, warum diese Professur – aus welcher Motivation bewerben Sie sich auf diese Stelle?

TIPP

Achten Sie auf Übersichtlichkeit und gute Lesbarkeit! Bei umfangreichen Bewerbungsunterlagen sollten Sie ein Inhaltsverzeichnis beifügen. Fragen Sie im Dekanatssekretariat, welche formalen Vorgaben an Bewerbungen gestellt werden.

DER LEBENSLAUF

Angelsächsische Reihenfolge: Aktuelles zuerst, Vergangenes zuletzt.
Erläutern Sie Tätigkeiten mit Blick auf Ausschreibungsprofil.
Achten Sie auf eine übersichtliche Gliederung.

Ausbildung

Berufliche Erfahrung

Auslandsaufenthalte

Publikationsliste

Gehaltene Vorträge

Eingeworbene Drittmittelprojekte

Internationale Kooperationen

Verzeichnis über Aktivitäten in der Lehre und Betreuung

Gremientätigkeit

Mitgliedschaften in Fachverbänden

Wissenschaftspreise

Listenplätze bei Berufungsverfahren

...

ZEUGNISSE

LEHRKONZEPT FÜR DIE AUSGESCHRIEBENE PROFESSUR

7.1.5 Das Vorsingen

Bewerber, die in die engere Auswahl für eine Professur kommen, werden zu einem Probevortrag eingeladen, landläufig auch „Vorsingen" genannt. Dieses besteht in der Regel aus einem öffentlichen Vortrag mit anschließender Diskussion. Danach folgt ein nichtöffentliches Gespräch mit den Mitgliedern der Berufungskommission. Manche Institute ergänzen dies zusätzlich noch um ein gemeinsames Essen oder eine öffentliche Lehrveranstaltung, um ihren Eindruck von den Bewerbern weiter zu vervollständigen. Beachten Sie, dass die Reisekosten, die Ihnen aus dem Vorsingen für eine Professur entstehen, anders als früher meistens nicht erstattet werden.

SELBSTBEWUSSTES AUFTRETEN

Für viele kommen die Berufungskommission und das Vorsingen der sprichwörtlichen Löwengrube gleich. Verlassen Sie sich auf Ihre Stärken! Präsentieren Sie sich selbstbewusst und bleiben Sie professionell und respektvoll im Umgang mit der Kommission und den anderen Bewerbern.

Und: Vertrauen Sie auch auf den Sachverstand der Berufungskommission – diese weiß am besten, welcher Kandidat für die Professur geeignet ist.

Probevortrag: Bauen Sie eine Beziehung zum Publikum auf!

Der Probevortrag dauert häufig 20 Minuten. Das Thema wird entweder von der Kommission vorgegeben, oder Sie wählen es selbst und stellen ein Forschungsgebiet vor, das inhaltlich zur ausgeschriebenen Professur gehört. Das Publikum besteht meist aus Mitgliedern des Institutes. Oft trommelt die Studierendenvertretung interessierte Zuhörer und engagierte Frager aus ihren eigenen Reihen zusammen.

Beachten Sie, dass der Probevortrag keine Lehrveranstaltung und auch kein wissenschaftlicher Vortrag ist. Er dient der Einführung in das Thema und sollte sowohl allgemein verständliche Anteile enthalten, aber auch fachlich in die Tiefe gehen. Am Ende sollten Sie die wissenschaftlichen Perspektiven zu diesem Thema aufzeigen.

Mit dem öffentlichen Vortrag wollen Sie Ihre Zuhörer von sich und Ihren Qualitäten als Forscher, aber auch als Hochschullehrer überzeugen. Zeigen Sie also auch Ihre Alleinstellungsmerkmale auf. Gestalten Sie den Vortrag so, dass er das Publikum in der anschließenden Diskussionsrunde zum Fragen einlädt, und bereiten Sie sich auf mögliche Fragen vor.

Im Gespräch mit der Berufungskommission: Beziehen Sie Position!

Das Gespräch mit der Berufungskommission findet nach der Vortragsrunde statt. Anders als der Vortrag, ist dies nicht öffentlich. Gehen Sie selbstbewusst und mit präzisen Vorstellungen in dieses Gespräch. Bewerber sind meist erfolgreicher, wenn sie klare Zukunftsvorstellungen und ein erkennbares Forschungsprofil haben.

Setzen Sie sich im Vorfeld mit dem Institut auseinander, an dem Sie arbeiten wollen. Jeder Fachbereich hat sein eigenes Profil und seine eigene Kultur. Befassen Sie sich mit der Studien- und der Prüfungsordnung. Überlegen Sie, wie Sie sich selbst in diesen Kosmos mit seinen Professoren, Forschungsverbünden, Schwerpunkten in der Lehre und seinen Verwaltungsvorgängen einbringen wollen und wo der Fachbereich oder die Hochschule von Ihnen profitieren kann. Vermitteln Sie anschaulich Ihr Konzept von dieser Professur und wo Sie diese in den kommenden Jahren sehen. Auch auf Fragen zur nötigen Ausstattung sollten Sie sich vorbereiten. Wenn es mit „Haben Sie noch Fragen?" zur standardmäßigen Abschlussfrage kommt, können Sie Punkte sammeln, indem Sie konkrete Nachfragen zur künftigen Entwicklung des Instituts stellen.

Bewerbungssituation üben

In manchen Kommissionen herrscht ein rauer Umgangston mit den Bewerbern, Forschungsleistungen werden sehr kritisch hinterfragt und in ihrer Bedeutung abgewertet, eingeworbene Drittmittelprojekte heruntergespielt. Lassen Sie sich dadurch nicht verunsichern. Am besten bereiten Sie sich auch auf solche Gesprächsverläufe vor und wie Sie ihnen standhalten können, ohne dabei die Fassung zu verlieren. Auf Fragen zu Ihrem persönlichen Umfeld, wie etwa zur Bereitschaft Ihrer Familie, berufsbedingt an einen neuen Ort zu ziehen, sollten Sie sich ebenfalls einstellen.

TIPPS FÜR DEN VORTRAG

-1- NEHMEN SIE IHRE ZUHÖRER MIT!

-2- ACHTEN SIE AUF DIE ZEIT! EINE PUNKTLANDUNG IST IMMER AM BESTEN. DESHALB: VORHER ÜBEN!

-3- NUTZEN SIE MÖGLICHKEITEN ZUR VISUALISIERUNG (VORHER CHECKEN, WELCHE ES GIBT).

-4- SPRECHEN SIE IMMER ZUM PUBLIKUM HIN UND NIEMALS MIT DER FOLIE AN DER WAND.

-5- SPRECHEN SIE LANGSAM UND DEUTLICH!

-6- KLEIDEN SIE SICH EIN WENIG ELEGANTER ALS AN DEM INSTITUT ÜBLICH!

-7- SEIEN SIE VORSICHTIG MIT HUMORISTISCHEN EINLAGEN! EINSTUDIERTE WITZE GEHEN OFT SCHIEF UND HINTERLASSEN EINEN PEINLICHEN EINDRUCK.

Falls Sie bisher nur wenig Erfahrung mit Bewerbungsgesprächen gemacht haben, üben Sie im Vorfeld zusammen mit Freunden oder Kollegen. Lassen Sie sich kritisch schildern, wie Sie gewirkt haben. Der DHV und andere Institutionen, bieten speziell für Bewerbungsgespräche Coachings und Trainings an. Schon die Einladung zum Gespräch ist ein Erfolg. Nutzen Sie den Termin, um weitere Erfahrungen zu sammeln.

7.1.6 Die Berufungsverhandlungen für eine Professur

Die Berufungsverhandlungen sind die letzte Hürde, die es im Berufungsverfahren zu überwinden gilt, sofern Sie Erstplatzierter auf der Berufungsliste sind und schließlich den Ruf auf die Professur erhalten. Je nach Bundesland erfolgt die Ruferteilung durch die Hochschulleitung oder das zuständige Wissenschaftsministerium. Danach beginnen die Verhandlungen über die Besoldungshöhe und die Ausstattung der Professur sowie das beamtenrechtliche Ernennungsverfahren. Diese Verhandlungen werden in der Regel nur noch mit der Hochschule geführt (➽ *vergleiche „Ablauf der Berufungsverhandlungen" rechts*). Mit Überreichen der Ernennungsurkunde entdet schließlich das Berufungsverfahren.

Dienstrechtliche Stellung und Ausstattung

Bei den Berufungsverhandlungen gilt es, sämtliche Rahmenbedingungen Ihrer Professur festzuzurren. Das eine Verhandlungspaket betrifft Ihre dienstrechtliche Stellung, ob eine Verbeamtung auf Zeit oder Lebenszeit erfolgt oder ein Angestelltenverhältnis entsteht, wie mit Nebentätigkeiten zu verfahren ist und wie Erfindungen verwertet werden dürfen. Es wird auch festgelegt, welche Grundbesoldung Sie erhalten, ob diese regelmäßig angepasst wird, welche Leistungsbezüge und Sonderzulagen gewährt werden und ob dieses einmalig, befristet oder unbefristet geschehen soll (➽ *Kap. 7.1.7 und Kap. 7.2.2*). Gab die C3- und C4-Besoldung einen sehr starren Rahmen vor, gewährt die heutige W-Besoldung einen größeren Verhandlungsspielraum, den es im Vorfeld auszuloten gilt.

Das andere Paket betrifft die Ausstattung des Lehrstuhls – die räumliche Unterbringung, die Anzahl und Vergütung Ihrer Mitarbeiter, die Investitionsmittel sowie die laufenden Mittel (➽ *Kap. 7.2.5*). Dafür erstellen Sie ein Konzeptionspapier. Es ist die Grundlage für die Verhandlungen mit der Fakultät und der Hochschule. Darin legen Sie dar, welche Ziele und Perspektiven Sie mit der Professur verfolgen wollen, welche zentralen Aufgaben für Forschung und Lehre Sie sehen und welche Ausstattung Sie hierzu benötigen.

Taktisches Vorgehen bei Berufungsverhandlungen gefragt

All diese Verhandlungen erfordern daher großes Geschick und gute Kenntnis des Verhandlungspartners. Dazu zählt nicht zuletzt die Ausformulierung des Konzeptpapiers. „Ich benötige"-Bekundungen werden darin weniger gern gesehen als konkrete Ankündigungen, was Hochschule oder Fachbereich durch Ihre Einstellung gewinnen können. Zeigen Sie darin, welchen Mehrwert Sie für die Hochschule darstellen können, welche Projekte, Kooperationen und Drittmittel Sie mitbringen und wie Ihr Lehr- und Forschungskonzept dazu beitragen kann, Ihren Fachbereich weiter voranzubringen.

ABLAUF DER BERUFUNGSVERHANDLUNGEN
– ein Beispiel

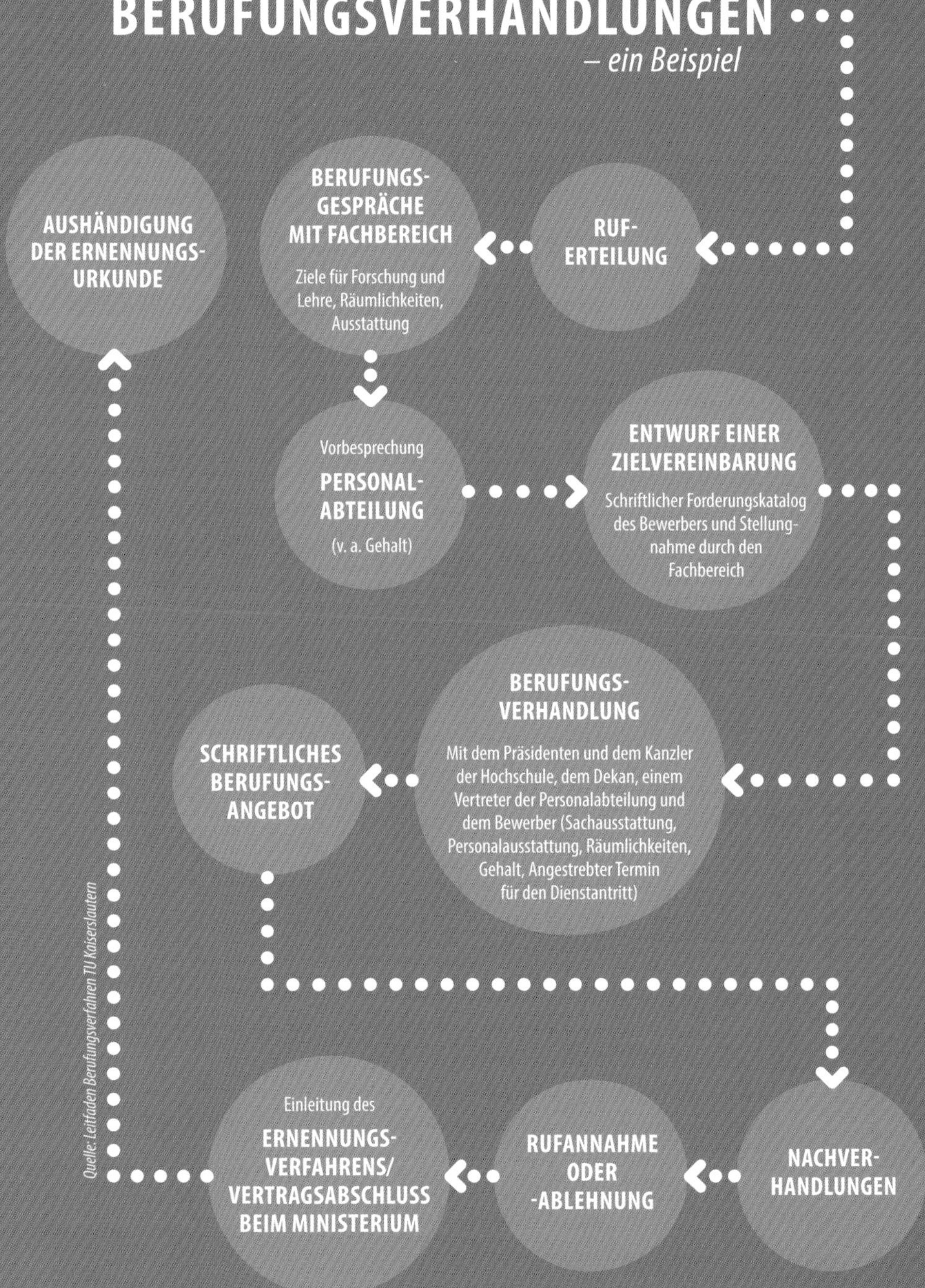

Quelle: Leitfaden Berufungsverfahren TU Kaiserslautern

Forderungskatalog an die Hochschule: Strategisch priorisieren

Bereiten Sie Ihren Forderungskatalog an die Hochschule strategisch auf. Punkte, die Ihnen sehr wichtig sind, sollten selbstverständlich nicht erst am Ende der Liste erscheinen. Dort angekommen, könnte Ihr Gegenüber sonst darauf verweisen, dass er bisher schon zu viele Zugeständnisse gemacht hat und ihm an dieser Stelle kein Spielraum mehr möglich ist.

Gehen Sie deshalb aber nicht mit einem maximalen Forderungskatalog in die Verhandlungen, denn das macht immer einen sehr schlechten Eindruck. Überlegen Sie sich vorab sehr genau, was Sie unbedingt benötigen, und setzen Sie noch weitere Punkte auf die Liste, die für Sie zwar sehr wünschenswert, im Zweifel aber auch verzichtbar sind. Bleiben Sie konstruktiv in Ihrem Diskussionsverhalten und halten Sie immer die Fristen ein.

Ausschlaggebend für das Verhandlungsergebnis sind am Ende nicht nur finanzielle Zwänge, sondern auch die eigene Reputation, Ihr jetziges Einkommen, das Profil von Hochschule und Fachbereich und die Stellung der Professur in diesem Gefüge. Beraten Sie sich vorab mit Ihnen wohlgesonnenen Personen an der Einrichtung, seien es der Dekan, die Institutsdirektorin oder der Vorsitzende der Berufungskommission. Nicht zuletzt bietet der Deutsche Hochschulverband für Berufungsverhandlungen Einzelfallberatungen an.

Wann darf der Ruf abgelehnt werden: Anerkannte Gründe

Auch wenn es Ihr erster Ruf ist – Sie können ihn durchaus ablehnen, sollte die angebotene Professur für Sie nicht infrage kommen. Damit der Buschfunk sich nicht negativ auf Ihre zukünftigen Bewerbungen auswirkt, sollten Sie Ihre Gründe für die Absage in der Scientific Community deutlich kommunizieren. Als Begründung für die Nichtannahme werden ungenügende Angebote in Bezug auf die Ausstattung des Lehrstuhls oder die Besoldung der Kollegen in der Regel verständnisvoll aufgenommen. Viele Bewerber nehmen einen Ruf zunächst dennoch an, um sich von dieser gesicherten Position aus weiter auf passendere Professuren zu bewerben.

Welcher Handlungsspielraum bleibt mir auf dem zweiten oder dritten Listenplatz?

Hat Sie die Berufungskommission auf den zweiten oder dritten Listenplatz gesetzt, werden Sie oft erst dann über Ihre Platzierung informiert, wenn die Verhandlungen mit dem Erstplatzierten erfolgreich abgeschlossen sind. Meist haben Sie dann noch etwa zwei bis vier Wochen Zeit, rechtliche Schritte gegen diese Entscheidung einzuleiten. Als unterlegener Bewerber haben Sie immer das Recht, anschließend ein Konkurrentenstreitverfahren vor dem Verwaltungsgericht anzustrengen. Allerdings können Sie damit jedoch nur erreichen, dass die Rechtmäßigkeit des Berufungsverfahrens geprüft und es noch einmal neu aufgerollt wird. Grundsätzlich ist zu sagen: Der Versuch, sich nachträglich auf eine Professur zu klagen, gelingt nur in den seltensten Fällen.

Graue Verhandlungen: Wenn der Kandidat schon vor Ruferteilung feststeht

In der Vergangenheit sind die Hochschulen immer häufiger dazu übergegangen, bereits vor der offiziellen Ruferteilung sogenannte graue Verhandlungen mit potenziellen oder besonders gewünschten Kandidaten aufzunehmen. Ziel dieser Verhandlungen ist, dass die potenziellen Kandidaten im Rahmen dieser Gespräche durch die besonderen Bedingungen mehr Zugeständnisse an die Hochschulen machen und diesen somit nicht allzu teuer zu stehen kommen. Unter Umständen gibt es sogar Parallelverhandlungen mit den anderen Listenplatzierten.

Für Professoren, die schon verschiedene Rufe erhalten haben oder die bereits einen Lehrstuhl innehaben, kann der geschützte Rahmen dieser grauen Gespräche natürlich zu einer deutlichen Verbesserung der Verhandlungsbasis beitragen. Für viele ist dies jedoch belastend, da Hochschulen hier eindeutig in der mächtigeren Position sind. Versuchen Sie deshalb, insbesondere wenn Sie bereits eine Lebenszeitprofessur innehaben, diese grauen Verhandlungen möglichst zu vermeiden.

7.1.7 Leistungsbezüge richtig verhandeln

Zusätzlich zu ihrer W-Grundbesoldung erhalten Professoren Leistungsbezüge. Faktisch bedeutet dies, dass das Gehalt von Professoren durchaus unterschiedlich sein kann. Denn mit einigem Verhandlungsgeschick und guten Rahmenbedingungen kann schon eine W2-Professur mitunter sehr einträglich sein.

Nachbesserungen der Leistungsbezüge sind grundsätzlich möglich

Die zusätzlichen Leistungsbezüge verhandeln Sie bei den Berufungsverhandlungen (➻ *Kap. 7.1.6*). Nachbesserungen sind möglich, wenn Sie einen Ruf von einer anderen Hochschule vorweisen können – dann haben Sie die Möglichkeit, mit Ihrer jetzigen Hochschule in Bleibeverhandlungen zu treten. Argumentieren Sie bei Gehaltsverhandlungen durchaus auf Grundlage Ihres aktuellen Gehalts, sollte dieses sehr hoch ausfallen. Und lassen Sie sich beraten: Sowohl der Deutsche Hochschulverband als auch der Hochschullehrerbund bieten Coachings für Berufungsverhandlungen an.

Den gesetzlichen Rahmen für die Gewährung von Leistungsbezügen und ihre maximale Höhe bildet das Landesbesoldungsgesetz. Leistungsbezüge gibt es demnach für fast alle Tätigkeiten, die Sie als Professor ausüben. Welche Tätigkeiten zur Erhöhung der Leistungsbezüge beitragen können, finden Sie auf der folgenden Seite.

WAS KANN DIE LEISTUNGSBEZÜGE ERHÖHEN?

FORSCHUNG

- Ergebnisse von Forschungsevaluationen, Auszeichnungen, Preise
- Publikationen
- Aufbau und Leitung von Forschungsschwerpunkten, Sonderforschungsbereichen, wissenschaftlichen Arbeitsgruppen
- Erfindungen und Patente
- Herausgabe oder wissenschaftliche Redaktion von Fachzeitschriften
- Leistungen im Wissenschaftstransfer einschl. Existenzgründungen
- Drittmitteleinwerbungen
- Gutachter- und Vortragstätigkeiten für Stellen außerhalb der Hochschule
- Internationale Kooperationen

LEHRE

- Ergebnisse der Lehrevaluation
- Studentische Lehrveranstaltungskritik
- Lehrtätigkeiten, die über die Lehrverpflichtung hinaus geleistet werden und auf diese nicht angerechnet werden
- Besonderes Engagement bei internationalen Kooperationen und internationalem Austausch sowie bei der Integration ausländischer Studierender
- Besonderes Engagement bei der Studienreform sowie der Entwicklung innovativer Studiengänge und Lehrangebote
- Besonderes Engagement bei der Betreuung Studierender und Doktoranden
- Auszeichnungen und Preise

NACHWUCHSFÖRDERUNG

- Besondere Initiativen/Aktivitäten zur Förderung des wissenschaftlichen Nachwuchses
- Leitung von bzw. Engagement in Graduiertenkollegs und ähnlichen Einrichtungen
- Besonderes Engagement für die Gleichstellung von Wissenschaftlerinnen und Wissenschaftlern

WEITERBILDUNG

- Ergebnisse der Evaluation von Weiterbildungsveranstaltungen
- Besonderes Engagement bei der Entwicklung von Weiterbildungsangeboten
- Besonders hoher Anteil an Weiterbildungseinnahmen der Hochschule

Quelle: Hochschul-Leistungsbezügeverordnung des Landes Nordrhein-Westfalen

STELLENSITUATION FÜR PROFESSOREN

STELLEN IM VERGLEICH IM JAHR 2014

Quelle: Statistisches Bundesamt

Frei werdende Professuren in den Jahren 2014 (bei Ausscheiden mit 65 Jahren) auf der einen Seite und Zahl der Juniorprofessuren (Stand 2014) und der Privatdozenten und apl-Professoren (Stand 2014) auf der anderen Seite. Noch nicht berücksichtigt ist dabei die Zahl der Nachwuchsgruppenleiter und Wissenschaftler, die auf andere Weise die nötige Qualifikationen für eine Professur mitbringen.

SPRACH- UND KULTURWISSENSCHAFTEN

Freie Professuren
140 Universität
13 Fachhochschule
153

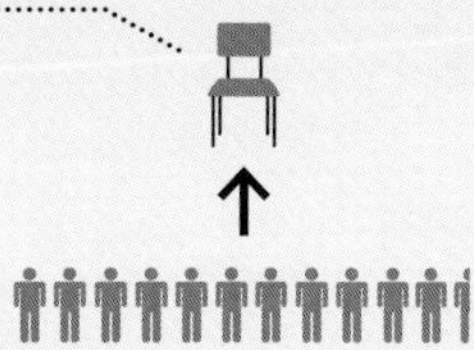

Zahl potenzieller Bewerber*
411 Juniorprofessoren
1.358 Privatdozenten
1.769

11,6 Bewerber auf eine freie Professur

RECHTS-, WIRTSCHAFTS- UND SOZIALWISSENSCHAFTEN

Freie Professuren
72 Universität
108 Fachhochschule
180

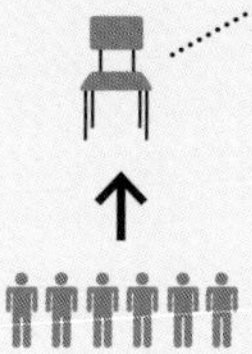

Zahl der Bewerber
414 Juniorprofessoren
717 Privatdozenten
1.131

6,3 Bewerber auf eine freie Professur

MATHEMATIK UND NATURWISSENSCHAFTEN

Freie Professuren
172 Universität
69 Fachhochschule
241

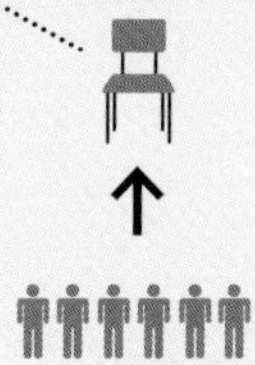

Zahl der Bewerber
437 Juniorprofessoren
1.078 Privatdozenten
1.515

6,3 Bewerber auf eine freie Professur

** Zahl der Bewerber im Bereich der Sprach- und Literaturwissenschaften*

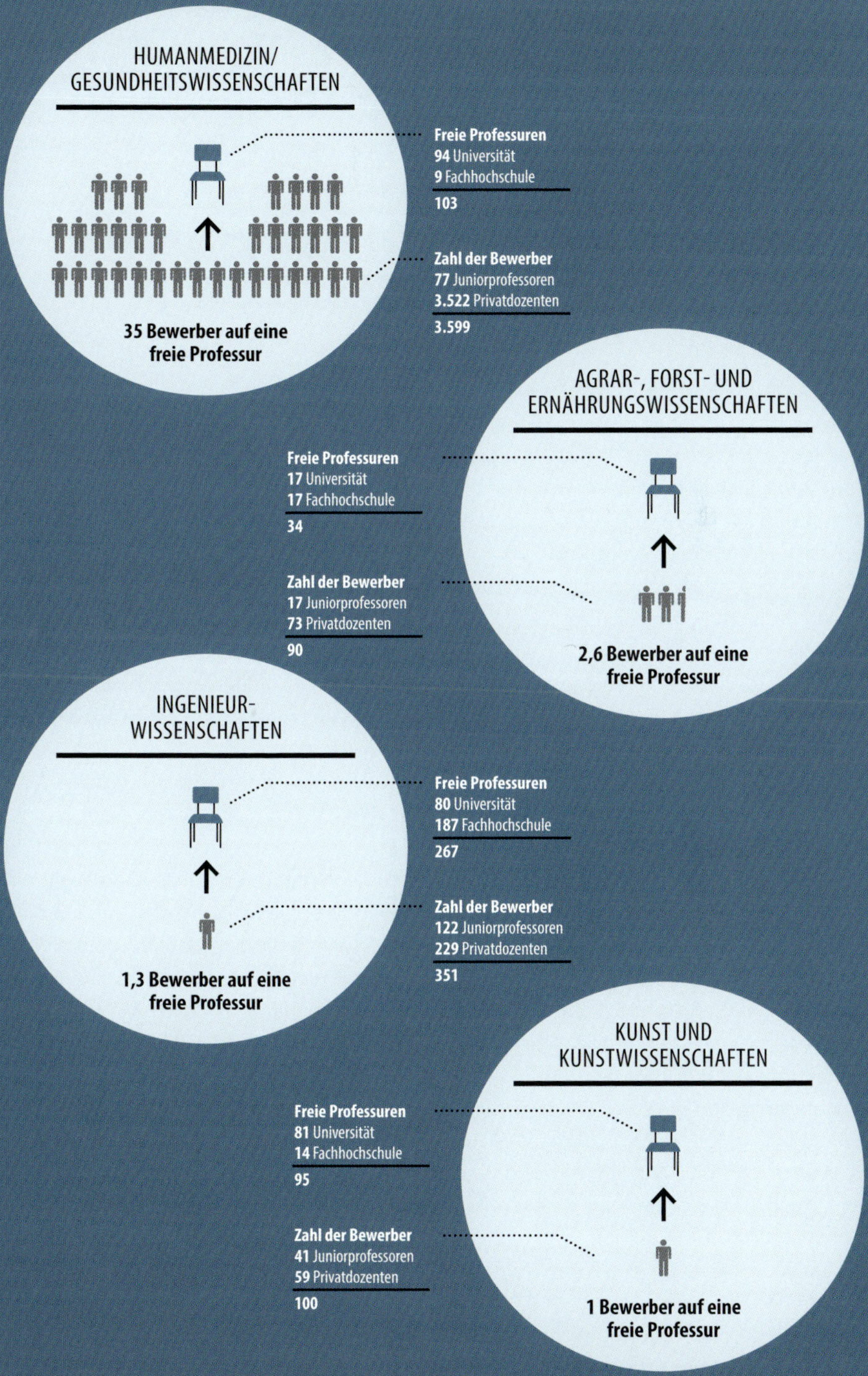
HUMANMEDIZIN/
GESUNDHEITSWISSENSCHAFTEN
Freie Professuren
94 Universität
9 Fachhochschule
103
Zahl der Bewerber
77 Juniorprofessoren
3.522 Privatdozenten
3.599
35 Bewerber auf eine freie Professur
AGRAR-, FORST- UND ERNÄHRUNGSWISSENSCHAFTEN
Freie Professuren
17 Universität
17 Fachhochschule
34
Zahl der Bewerber
17 Juniorprofessoren
73 Privatdozenten
90
2,6 Bewerber auf eine freie Professur
INGENIEUR-WISSENSCHAFTEN
Freie Professuren
80 Universität
187 Fachhochschule
267
Zahl der Bewerber
122 Juniorprofessoren
229 Privatdozenten
351
1,3 Bewerber auf eine freie Professur
KUNST UND KUNSTWISSENSCHAFTEN
Freie Professuren
81 Universität
14 Fachhochschule
95
Zahl der Bewerber
41 Juniorprofessoren
59 Privatdozenten
100
1 Bewerber auf eine freie Professur

7.2 Die Privilegien von Professoren

Verbeamtung auf Lebenszeit ist Regelfall

Nebentätigkeiten sind möglich, müssen aber oft genehmigt werden

Abschluss privater Krankenversicherung empfehlenswert

Für Nachwuchswissenschaftler gilt die Lebenszeitprofessur als sicherer Hafen. Oft müssen sie sich dafür von einem Kurzvertrag zum nächsten hangeln und für die Forschung bisweilen auch eine Odyssee durch die renommierten Institute auf sich nehmen. Einmal erreicht, macht die Professur all diese Mühen wieder wett: Als hoch angesehene Position mit vielen Freiheiten, einem ordentlichen Gehalt, einer guten Altersversorgung – bei Verpflichtungen, mit denen es sich durchaus leben lässt.

7.2.1 Privilegien von Professoren

Professoren genießen eine Reihe von Privilegien. Die prekären Verhältnisse, die Sie meist durchlaufen müssen, um dorthin zu gelangen, stehen dazu in einem krassen Gegensatz. Die Verbeamtung auf Lebenszeit ist bei der Berufung von Professoren noch immer der Regelfall. Sie sind quasi unkündbar, müssen nicht in die gesetzliche Sozialversicherung einzahlen und haben Anspruch auf Beihilfen im Krankheits-, Pflege- und Geburtsfall. Sie erhalten ein im Vergleich zu anderen Wissenschaftlern sehr hohes Gehalt (➻ *Kap. 7.2.2*) und später eine Altersversorgung (➻ *Kap. 7.2.3*), die sich an Ihrem letzten Professorengehalt bemisst und nicht an Ihrem gesamten Lebenseinkommen. Ausnahmen gelten dabei für Professoren, die nur auf Zeit verbeamtet sind (➻ *Kap. 7.2.4*).

Besonderes Dienstrecht für Professoren

Professoren erhalten eine personelle und materielle Ausstattung, die sie bei ihrer Berufung aushandeln. Diese wird häufig nur auf einige Jahre festgeschrieben – dann wird neu verhandelt (➻ *Kap. 7.2.5*).

Für die verbeamteten Professoren gilt ein besonderes Dienstrecht, das vom Land im jeweiligen Beamtengesetz festgelegt wird. Professoren nehmen ihre diversen Tätigkeiten in Forschung (➻ *Kap. 7.2.6*), Lehre und Prüfungen (➻ *Kap. 7.2.7*) – im Unterschied zu Beamten in anderen öffentlichen Sektoren – selbstständig und nicht weisungsgebunden wahr. Aus den Freiheitsrechten der Wissenschaft ergibt sich die Verpflichtung zur akademischen Selbstverwaltung und entsprechend auch zur Gremientätigkeit (➻ *Kap. 7.2.8*). Darüber hinaus fallen Tätigkeiten zur Verwaltung des Lehrstuhls und der Drittmittelprojekte an (➻ *Kap. 7.2.9*).

Es gibt keine Arbeitszeitregelungen, was sich angesichts durchschnittlicher Wochenarbeitszeiten zwischen 60 und 70 Stunden ohnehin erübrigt. Auch Dienstreisen müssen meist nicht genehmigt werden. Aus versorgungsrechtlichen Gründen sollten Sie diese jedoch als solche anzeigen.

Zusätzlich zur Arbeit als Professor sind auch Nebentätigkeiten erlaubt. Das können sowohl Vorträge sein, als auch Tätigkeiten in der eigenen Firma oder einem Aufsichtsrat. In den meisten Fällen müssen Nebentätigkeiten von den Hochschulen genehmigt werden. Diese gehen jedoch in der Regel wenig kritisch mit den Anträgen um.

Die Verbeamtung auf Lebenszeit

Beamte erhalten keinen Arbeitsvertrag, sondern werden per Ernennungsurkunde berufen. Bevor Professoren auf Lebenszeit verbeamtet werden, überprüft der Amtsarzt ihre gesundheitliche Eignung. Nach Klärung möglicher Vorerkrankungen wird dieser eine Prognose zur Gefährdung Ihrer Arbeitsfähigkeit bis zum Ruhestand erstellen. Neben diesem gesundheitlichen Eignungstest benötigen Sie außerdem ein Führungszeugnis, das Sie beim Meldeamt Ihres Wohnortes erhalten.

Beihilfe für Krankenbehandlungen

Im Krankheitsfall werden Beamte als Privatpatienten behandelt. Die Kosten für die Arzt- und Krankenbehandlung übernimmt

KONSUMPTION VON LEISTUNGSZULAGEN:

Wird mit einem neuen Besoldungsgesetz das Grundgehalt erhöht, dann hat das auch Auswirkungen auf Ihre leistungsbezogenen Zulagen. Oft werden diese nicht einfach so zum neuen Grundgehalt hinzuaddiert. Stattdessen werden das Gehaltsplus und die Leistungszulagen nach einem bestimmten Schlüssel verrechnet, der in dem Besoldungsgesetz festgelegt wird.

zu einem bestimmten, vom Land festgelegten Satz der Dienstherr. Hierzu findet sich an Hochschulen eine Beihilfestelle. Da diese die Rechnungen nicht vollständig übernimmt, sollten Sie eine private Krankenversicherung für Beamte abschließen. Anders als in gesetzlichen Krankenkassen müssen bei den Arztrechnungen zunächst Sie in Vorleistung treten und sich Ihre Kosten von der Beihilfestelle und von der Versicherung zurückerstatten lassen.

7.2.2 Das Gehalt von Professoren

Professoren erhalten ein Gehalt nach der W-Besoldung. Ob es sich um eine W2- oder W3-Professur handelt, steht im Ausschreibungstext. An Fachhochschulen wird in den meisten Fällen nach W2 bezahlt und W3 ist die absolute Ausnahme. An Universitäten ist der Anteil der W3-Professuren fast doppelt so hoch wie der der W2-Professuren. Gerade bei größeren Lehrstühlen und je nach Renommee wird ein Professor nach W3 besoldet.

- DIE W2- UND W3-SÄTZE IM ÜBERBLICK -

BUND 5.422,44 € (W2) / 6.060,38 € (W3)			
BADEN-WÜRTTEMBERG	5.792,44 € (W2) 6.575,51 € (W3)	NIEDERSACHSEN	5.369,44 € (W2) 5.841,21 € (W3)
BAYERN	5.286,97 € (W2) 6.258,05 € (W3)	NORDRHEIN-WESTFALEN	5.346,08 € (W2) 5.905,24 € (W3)
BERLIN	4.445,23 € (W2) 5.397,78 € (W3)	RHEINLAND-PFALZ	5.045,40 € (W2) 5.725,19 € (W3)
BRANDENBURG	4.561,22 € (W2) 5.512,55 € (W3)	SAARLAND	5.213,60 € (W2) 6.074,30 € (W3)
BREMEN	4.651,75 € (W2) 5.624,43 € (W3)	SACHSEN	5.076,29 € (W2) 5.718,90 € (W3)
HAMBURG	4.721,44 € (W2) 5.703,75 € (W3)	SACHSEN-ANHALT	4.721,13 € (W2) 5.718,90 € (W3)
HESSEN	5.031,79 € (W2) 5.579,18 € (W3)	SCHLESWIG-HOLSTEIN	5.387,05 € (W2) 6.099,97 € (W3)
MECKLENBURG-VORPOMMERN	5.283,25 € (W2) 6.158,47 € (W3)	THÜRINGEN	5.363,37 € (W2) 5.732,73 € (W3)

Quelle: www.dbb.de

Die W-Besoldung für Professoren gilt seit 2002 und ist weniger starr als ihre Vorgängerin, die C-Besoldung. Das Gehalt setzt sich zusammen aus einem Grundgehalt, der Familienzulage sowie den Leistungszulagen. Das Grundgehalt ist altersunabhängig und von Land zu Land unterschiedlich. In Bayern, Hessen, Sachsen und beim Bund wird das Grundgehalt je nachdem, wie lange Sie schon als Professor arbeiten, stufenweise angehoben. Dazu kommen Leistungszulagen, die Sie entweder bei Ihrer Berufung aushandeln oder wenn Sie einen Ruf an eine andere Hochschule erhalten haben und mit Ihrer jetzigen Hochschule in Bleibeverhandlungen treten. Manche Länder zahlen, um im Wissenschaftssystem wettbewerbsfähig zu bleiben, zusätzliche

Grundleistungsbezüge, die im Besoldungsgesetz des Landes festgelegt werden, oder sie zahlen auszuhandelnde Berufungszulagen. An diese zusätzlichen Bezüge sind noch keine zu erbringenden Leistungen gebunden. Anders als das W-Grundgehalt werden sie nicht auf die spätere Pension angerechnet, außer sie sind als ruhegehaltfähig erklärt worden – was Sie ebenfalls verhandeln müssen (➻ *Kap. 7.2.3*).

Hinzu kommen die leistungsbezogenen Zulagen, die Sie ebenfalls im Rahmen von Berufungs- oder Bleibeverhandlungen vereinbaren (➻ *Kap. 7.1.7*). Diese erhalten Sie für besondere Leistungen, beispielsweise für hohe Drittmitteleinwerbungen, Publikationen in Fachzeitschriften, eine hohe Anzahl an Prüfungen. Wie hoch diese Zulagen insgesamt sein dürfen, wird im Besoldungsgesetz und den Leistungsbezügeverordnungen geregelt. Darüber hinaus gibt es weitere Leistungsbezüge für Leitungsfunktionen im Rahmen der akademischen Selbstverwaltung.

Für die Verbeamtung auf Lebenszeit haben Bund und Länder eine Altershöchstgrenze definiert. Wer erst nach Erreichen dieser Grenze zum Professor berufen wird, wird in der Regel im Angestelltenverhältnis beschäftigt. Hierbei zahlen Sie und Ihr Arbeitgeber anteilig die Beiträge in das Sozialversicherungssystem ein. Durch diese Abgaben fällt die Nettovergütung für Sie als Angestellter kleiner aus als die der Professoren im Beamtenstand. Der Arbeitnehmeranteil an den Sozialabgaben liegt hier bei etwa 19 Prozent.

7.2.3 Das Ruhegehalt – Altersversorgung von Professoren

Zu den attraktiven Seiten des Professorenamtes, gehört die Altersversorgung bzw. die Pension, auch Ruhegehalt genannt. Die Höhe der Pension von Beamten berechnet sich nach dem letzten Gehalt, das Sie vor Ihrem Ruhestand beziehen, und dieses ist in der Regel sehr hoch. Wann Sie in den Ruhestand gehen können, wird durch das Landesrecht festgelegt. Zumeist gilt das vollendete 67. Lebensjahr als reguläre Altersgrenze. Je nach Rechtslage müssen Sie noch bis zum Ende des Semesters Ihren Verpflichtungen als Professor nachgehen. Auch eine Verlängerung Ihrer Dienstzeit ist möglich, wenn Sie das wünschen.

Wie berechnet sich das Ruhegehalt von Professoren?

Ein vorzeitiger Eintritt in den Ruhestand ist bei Dienstunfähigkeit grundsätzlich möglich. Dienstunfähig ist, wer innerhalb von sechs Monaten aufgrund Erkrankung mehr als drei Monate lang keinen Dienst tun konnte und nicht abzusehen ist, dass die gesundheitliche Wiederherstellung innerhalb einer vom Land festgelegten Frist erfüllt sein wird. Die Dienstunfähigkeit wird vom Amtsarzt festgestellt. Wenn Sie durch Dienstunfähigkeit früher in den Ruhestand gehen, müssen Sie voraussichtlich mit einer geringeren Pension rechnen.

Für die Berechnung Ihrer ruhegehaltfähigen Bezüge (➻ *auf Seite 142*) wird neben

BERECHNUNG DER RUHEGEHALTFÄHIGEN BEZÜGE

W-Grundgehalt

+

Familienzulage *(Verheiratetenanteil)* + **Leistungszulage 1 X vereinbarter Prozentsatz / 100** + **Leistungszulage 2 X vereinbarter Prozentsatz / 100** *etc.*

dem letzten Gehalt auch die Dienstzeit berücksichtigt. Diese Zeit beschränkt sich nicht nur auf Ihre Tätigkeit als Professor; auch die Zeiten des Studiums und der wissenschaftlichen Weiterqualifizierung sind ruhegehaltfähig. Auch fließen Auslandsaufenthalte oder Tätigkeiten in der Industrie in die Dienstzeit mit ein, sofern diese im fachlichen Zusammenhang zur Professur stehen. Ruhegehaltfähige Dienstzeiten sollten Sie schon im Zuge der Berufungsverhandlungen anerkennen lassen.

Als Pensionsanspruch werden pro Dienstjahr 1,79375 Prozent Ihrer ruhegehaltfähigen Bezüge angesetzt. Wer es auf eine Dienstzeit von 40 Jahren bringt, erhält die maximal mögliche Altersversorgung in Höhe von 71,75 Prozent. Hiervon sind allerdings die Steuern abzuziehen. Sollten Sie noch Kinder in Betreuung haben, wird der Kinderzuschlag, so lange Sie Anspruch darauf haben weiter gezahlt. Ihre spätere Pension berechnet sich nach Ihrem letzten Gehalt vor dem Eintritt in den Ruhestand. Vollständig angerechnet werden können hier das W-Grundgehalt und der Verheiratetenanteil beim Familienzuschlag.

Die Leistungsbezüge, die Sie zusätzlich zu Ihrem W-Grundgehalt bekommen, werden nur dann auf Ihre Pension angerechnet, wenn sie zuvor als ruhegehaltfähig deklariert wurden. Sie schlagen mit maximal 40 Prozent zu Buche, je nachdem, was Sie mit Ihrem Dienstherrn aushandeln konnten.

Schlechte Perspektive für angestellte Professoren

Angestellte Professoren haben im Rentenalter deutlich schlechtere Karten. Sie erhalten die gesetzliche Rente, welche entsprechend den über die Jahre eingezahlten Beiträgen berechnet wird. Im Vergleich zu verbeamteten Professoren wirken sich also einkommensschwächere Zeiten negativ auf die Rente aus.

Immerhin erhalten Sie dazu noch eine Zusatzversorgung für Angestellte des öffentlichen Dienstes, die an die hohen Pensionen von Beamten jedoch kaum heranreicht. Kleines Trostpflaster – für gesetzliche Renten gelten günstigere Steuersätze als für Beamtenpensionen.

7.2.4 Sonderfall: Als Professor auf Zeit verbeamtet

Bisweilen sind Professoren nur auf Zeit verbeamtet. Zwar gilt in den meisten Bundesländern, dass Professoren als Beamte auf Lebenszeit eingestellt werden. Probezeiten, die je nach Landesrecht bei Erstberufungen Anwendung finden, und zeitlich befristete Professuren machen es möglich, dass Professoren vor dem Ruhestand aus dem Dienst ausscheiden. Manch anderer wiederum nimmt trotz Lebenszeitprofessur den Ruf aus dem Ausland oder der Wirtschaft an und beantragt darum die Entlassung aus dem Beamtenverhältnis. In diesem Fall erfolgt die Auflösung des Dienstverhältnisses zu dem Zeitpunkt, den Sie beantragt haben, maximal aber nach einer dreimonatigen Frist.

Die Verbeamtung auf Zeit ändert nichts am Dienstrecht. Jedoch haben Befristungen oder Auflösungen von Dienstverhältnissen u. a. Auswirkungen auf die Rente. Nur wer direkt aus dem Dienst in den Ruhestand tritt hat einen Pensionsanspruch.

Beamte auf Zeit haben diesen Anspruch jedoch nicht. Sie werden nach ihrem Ausscheiden über die gesetzliche Rentenversicherung nachversichert, deren Beiträge allein der Dienstherr zahlt. Für die Rente gelten die gesetzlichen Vorgaben, wonach alle bezahlten Beiträge zur Festsetzung des Rentenanspruchs herangezogen werden.

Bund und manche Länder sehen die Zahlung von Altersgeld als Alternative vor; dessen Berechnung erfolgt auf ähnlicher Grundlage wie die der Pensionen auf Lebenszeit (➸ *Kap. 7.2.3*). Während bei der Pension die Zeit des Studiums und Weiterqualifizierung anerkannt werden, gelten als altersgeldfähige Dienstzeiten häufig nur die als Beamte verbrachten Jahre.

Wichtiges zur Krankenversicherung

Besondere Beachtung sollten auf Zeit verbeamtete Professoren außerdem der Krankenversicherung schenken. Das Krankentagegeld spielt im Beamtenstand keine Rolle, sehr wohl aber nach dem Ausscheiden. Bereits beim Abschluss der privaten Krankenversicherung sollten Sie schriftlich in den Versicherungsbedingungen festhalten lassen, dass nachträglich abgeschlossene Bausteine beispielsweise zum Krankentagegeld ohne erneute Gesundheitsprüfung erfolgen. Eine Alternative wäre eine Anwartschaftsversicherung, durch die eine Versicherung teilweise oder auch komplett ruht, später jedoch wieder aktiviert werden kann. Lassen Sie sich hierzu von Ihrer Versicherung beraten.

7.2.5 Die Ausstattung von Professoren

Die Ausstattung einer Professur gibt hinsichtlich Personal und Sachmitteln den Handlungsspielraum Ihrer künftigen Arbeit vor und wird bei den Berufungsverhandlungen ausgehandelt. Seien Sie deshalb nicht zu bescheiden, immerhin hat die Hochschule auch ein Interesse, genau Sie für die Professur zu gewinnen. Informieren Sie sich zudem im Vorfeld der Verhandlungen über Förderprogramme, aus denen Sondermittel in Ihren Etat fließen könnten.

Unverlierbare Grundausstattung vereinbaren

In allen Landeshochschulgesetzen ist vorgeschrieben, dass Ausstattungsvereinbarungen zeitlich zu befristen sind. In der Regel gelten hier fünf Jahre als Maximum, danach muss neu verhandelt werden. Allerdings können Sie versuchen, bereits während der Berufungsverhandlungen für eine unbefristete Professur festzulegen, welche Posten als unverlierbare Grundausstattung gelten sollen. Verbesserungen in Ihrer Ausstattung sind später immer dann möglich, wenn Sie einen Ruf an eine andere Hochschule erhalten haben und daraufhin mit Ihrer jetzigen Hochschule in Bleibeverhandlungen treten.

Der Deutsche Hochschulverband führt regelmäßig Erhebungen zur finanziellen Ausstattung von Professuren durch. Die aktuelle Untersuchung für den Zeitraum von 2012 bis 2014 hat ergeben, dass der Trend hin zu weniger Personalmitteln und zu mehr Sachmitteln geht. Die Durchschnittswerte können allerdings nur zur Orientierung dienen, entscheidend sind letztlich die Gegebenheiten vor Ort und Ihr eigenes Verhandlungsgeschick.

Den größten Posten bilden die Investitionsmittel. Naturgemäß gibt es deutlich mehr Erstausstattungsmittel für die ingenieurwissenschaftlichen (283.500 Euro) sowie die mathematisch-naturwissenschaftlichen (335.000 Euro) Fächer als in den Geistes- (57.000 Euro) und den Rechtswissenschaften (51.000 Euro). Ähnlich sieht die Statistik hinsichtlich der laufenden Mittel, der Räume und der Mitarbeiterstellen aus.

7.2.6 Forschungsfreiheit und Forschungssemester

Die Forschungsfreiheit ist ein durch Art. 5 des Grundgesetzes gesichertes Freiheitsrecht. Dieses Grundrecht ermöglicht Professoren, ihre Aufgaben in Forschung und Lehre selbstständig und nicht weisungsgebunden wahrzunehmen.

Damit können Professoren unter anderem frei wählen, welche Themen sie mithilfe welcher theoretischen und methodischen Ansätze erforschen. Diese Freiheit erstreckt sich zudem auf die Vermittlung des Erforschten im Rahmen der Lehre. Damit verbunden ist auch die Verpflichtung, die Ergebnisse dieser Forschung zu veröffentlichen und damit der Allgemeinheit zugänglich zu machen. Diese Verpflichtung steht freilich in Ihrem ureigenen Interesse als Wissenschaftler – Ihr Renommee und Ihre Konkurrenzfähigkeit bei Berufungen werden schließlich auch an einschlägige Publikationen geknüpft, und zusätzlich lassen sich durch Veröffentlichungen Leistungszulagen zum Professorengehalt erlangen.

Grenzen der Forschungsfreiheit

An ihre Grenzen stößt die Forschungsfreiheit, wenn es um ethische Belange geht. Versuche an Tieren oder Menschen sind nur unter strengen gesetzlichen Vorgaben möglich und müssen für jeden einzelnen Fall genehmigt werden. Außerdem sollten sich Wissenschaftler generell dessen bewusst sein, dass ihre Forschung auch missbraucht werden kann. Die Max-Planck-Gesellschaft hat 2010 die „Hinweise und Regeln zum verantwortlichen Umgang mit Forschungsfreiheit und Forschungsrisiken" hierzu veröffentlicht, die Forschern Orientierung bei ethischen und moralischen Fragen geben sollen.

Forschungssemester – Freistellung von Lehre und Verwaltung

Noch aus den frühen Jahren der Bundesrepublik stammt die Regel, dass Professoren zur Fertigstellung einer größeren wissenschaftlichen Arbeit oder auch zur Ausführung eines Forschungsprojekts intervallmäßig ein Forschungssemester nehmen können. Für viele Professoren sind diese

„Freisemester" ein regelrechter Lichtblick, denn angesichts zunehmender Organisations- und Verwaltungsverpflichtungen bleibt oft nur wenig Zeit für die Forschung.

Je nach Landeshochschulgesetz dürfen Professoren nach fünf bis acht Semestern durchgängiger Lehre ein Forschungssemester nehmen. In Ausnahmefällen, wenn das Forschungsvorhaben es nicht anders zulässt, sind bis zu zwei Forschungssemester möglich. Für diese Zeit werden Sie von der Lehre und von bestimmten Verwaltungsaufgaben freigestellt.

Einen entsprechenden Antrag müssen Sie frühzeitig bei der jeweiligen Fakultät oder der Hochschulleitung stellen. Auch die darunter gelegene Entscheidungsebene, das heißt der Fachbereich und/oder die Fakultät, muss der Freistellung zustimmen. Nach Ihrem Forschungssemester heißt es für Sie wieder Rückkehr in den universitären Alltag mitsamt seinen Anforderungen in Lehre und Verwaltung, bis Sie nach weiteren fünf bis acht Semestern ein weiteres Forschungssemester beantragen können.

7.2.7 Lehre und Betreuung des wissenschaftlichen Nachwuchses

Die Lehre wie auch die Betreuung des wissenschaftlichen Nachwuchses ist gemäß dem Humboldt'schen Bildungsideal eine der vornehmen Pflichten eines Professors. Für viele ist dieser stetige und anregende Kontakt mit der jüngeren Generation einer der Gründe, diesen Beruf zu ergreifen.

Verpflichtet, Prüfungen abzunehmen

Als Hochschullehrer sind Sie verpflichtet, studienrelevante Prüfungen abzunehmen, seien es Vorprüfungen oder Abschlussprüfungen für Bachelor- und Master-Studiengänge. In welcher Form diese Prüfungen stattfinden, wird in der Prüfungsordnung des jeweiligen Studiengangs festgelegt. Außerdem sind Sie dazu angehalten, zur Betreuung der Studierenden regelmäßige Sprechstunden anzubieten.

Lehre: Freiheitsrechte greifen auch bei Themen- und Methodenwahl

Grundsätzlich sind Sie in der Lehre in der Wahl der Themen und der Methoden, Themen zu vermitteln, frei. Auch diese Freiheit steht unter dem gleichen Schutz, den sowohl Wissenschaft als auch Forschung durch das Grundgesetz genießen. Freilich steht Ihr pädagogisches Engagement unter der Maßgabe, dass auch die Studierenden wiederum ihrerseits die Freiheit haben, die Qualität der Lehre kritisch zu bewerten.

Je nach Studiengang gehören bestimmte Lehrveranstaltungen und Vorlesungen zum Pflichtprogramm. Diese Veranstaltungen sind regelmäßig abzuhalten. Gerade wenn Sie einen größeren Lehrstuhl innehaben, unterstehen Ihnen einige Mitarbeiter, die ebenfalls Lehrveranstaltungen halten. Der Umfang der in der Lehre zu erbringenden Semesterwochenstunden wird durch das Landesrecht festgelegt (➻ *Kap. 7.1.3*).

Betreuung des wissenschaftlichen Nachwuchses

Den wissenschaftlichen Nachwuchs betreuen und prüfen Professoren im Rahmen von Promotionen und Habilitationen. Diese Betreuungsverhältnisse sind oft in Arbeitsverhältnisse eingebettet. Der Nachwuchs erbringt als Mitarbeiter am Lehrstuhl oder im Rahmen eines Drittmittelprojekts wissenschaftliche Dienstleistungen für Sie als Professor, und Ihre Aufgabe dabei ist es, Ihre Mitarbeiter anzuleiten und Ihren Sachverstand als Forscher, als Universitätslehrer wie auch als Mitglied eines so komplexen Gebildes wie der Universität weiterzugeben. Von diesem Betreuungsrecht sind Fachhochschulprofessoren ausgenommen, wobei dies im Rahmen von kooperativen Promotionsverfahren allmählich aufgeweicht wird. Viele Professoren vereinbaren bei ihren Berufungsverhandlungen, dass sie für eine Mindestzahl an betreuten Promotionen und Habilitationen eine Leistungszulage erhalten.

Die Betreuung der Studierenden und des Nachwuchses ist eine Aufgabe, die sehr verantwortungsvoll ist. Sie verlangt einiges an Zeit, die Sie an anderen Stellen wieder abknapsen müssen. Viele Professoren wollen alle ihre Aufgaben auf vorbildlichste Weise meistern und überschreiten dabei oft die Grenzen ihrer Leistungsfähigkeit. Deshalb ist es wichtig, dass Sie Ihre Arbeitsabläufe gut planen und bestimmte Zeitfenster für bestimmte Aufgaben reservieren. Mit Ihren wissenschaftlichen Angestellten können Sie beispielsweise Betreuungsvereinbarungen abschließen, die sowohl Ihre Situation als auch die Ihrer Mitarbeiter adäquat berücksichtigen. Die DFG hat dazu eigene Empfehlungen veröffentlicht.

7.2.8 Gremientätigkeit

Gremientätigkeit gehört zu den wahrscheinlich weniger geliebten Aufgaben von Professoren und anderen Hochschulangehörigen. Allzu oft werden die Räte und Kommissionen zu Schauplätzen von Grabenkämpfen und Machtspielen zwischen den Kollegen. Und doch ist die Arbeit in den hochschulinternen Gremien nötig und bisweilen auch im eigenen Interesse geboten. Hochschulen nämlich haben per Gesetz das Recht der Selbstverwaltung.

Dieses Recht zieht sich durch ihre gesamte Organisationsstruktur, angefangen bei der Professur über das Institut bzw. den Fachbereich und die Fakultät bis hin zur Hochschule als Ganzes. Entsprechend gibt es eine Vielzahl von Gremien mit unterschiedlichen Aufgabengebieten, und die Mitglieder der Hochschule sind durch das jeweilige Hochschulgesetz dazu verpflichtet, sich im Rahmen von Gremientätigkeit einzubringen. Die meisten Hochschullehrer wenden zwischen 10 und 20 Prozent ihrer Arbeitszeit für Gremientätigkeit auf. Neben Instituts-, Fakultätsräten und dem akademischen Senat gibt es Kommissionen mit spezifischen Tätigkeitsfeldern wie Berufungskommissionen, Studienkommissionen, Prüfungskommissionen.

Warum ist Gremientätigkeit so wichtig für Ihre Professur?

Einige Gremien haben Entscheidungskompetenzen, die Ihre Professur unmittelbar treffen und bei denen Sie Ihr Mitspracherecht nutzen sollten. Zu den Aufgaben des Fakultätsrats zählen zum Beispiel wichtige Richtungsentscheidungen aber auch die Zuweisung von Sachmitteln. Studienkommissionen entscheiden nicht zuletzt darüber, welchen Stellenwert ein Lehrgebiet für das Studium haben soll, und damit auch indirekt über die Wichtigkeit und Notwendigkeit von Professuren im Fachbereich.

Gremientätigkeit gehört wie Lehre und Forschung zu den Aufgaben von Professoren und wird nicht extra vergütet. Lediglich für die Übernahme von Leitungsaufgaben, beispielsweise als Dekan oder Prodekan, erhalten Professoren spezielle Funktions-Leistungsbezüge. Wie hoch diese sind, ist im Besoldungsgesetz des entsprechenden Landes festgelegt.

Je nach Landeshochschulgesetz gibt es sehr unterschiedliche Vorstellungen vom Zusammenwirken der Gruppen, die an einer Hochschule vertreten sind – Professoren, akademischer Mittelbau, Studierende, nichtwissenschaftliches Personal. Manche Hochschulgesetze räumen den Präsidenten und Dekanen umfangreiche Kompetenzen und Befugnisse ein, anderswo dominiert eher das Bild von der Gruppenhochschule mit größeren Mitbestimmungsmöglichkeiten für die nichtprofessoralen Gruppen.

7.2.9 Verwaltung einer Professur

Auch die Tätigkeitsfelder der eigenen Professur müssen verwaltet werden. Selten stimmen die Sekretariatskapazitäten auch nur annähernd mit dem tatsächlichen Bedarf überein. Gerade das Erfordernis, bei Drittmitteleinwerbungen erfolgreich dazustehen, steigert den Workload in Sachen Verwaltung erheblich. Anträge müssen handfest ausgearbeitet, Kalkulationen erstellt werden, und bei Erfolg müssen die Projekte dokumentiert, Sach- und Finanzberichte erstellt und die Ausgaben der Mittel korrekt verbucht werden. Und so gibt es kaum einen Professor, der nicht unter der Last dieser ungeliebten Aufgabe stöhnt.

Abhilfe gibt es dabei kaum. Überlegen Sie, wie Sie administrative Tätigkeiten zeitsparend erledigen können. Richten Sie am besten ein Zeitfenster ein, das Sie nur für Verwaltungsaufgaben nutzen. Speziell für die Verwaltung von Drittmittelprojekten haben viele Hochschulen einen eigenen Leitfaden erstellt, und in der Regel unterstützt die Finanzabteilung der Hochschule die Projektleiter bei der korrekten Verwaltung der Projekte.

Außerdem bieten viele Einrichtungen Seminare speziell zu diesem Thema an. Gerade zum Erwerb von Managementfähigkeiten gibt es zahlreiche Schulungen, so zum Beispiel für das Zeit- oder Projektmanagement (➻ *Kap. 2.9*). Nutzen Sie sie – Anregungen, wie Sie den lästigen Aufwand an Verwaltungsaufgaben besser bewältigen können, finden Sie hier mit Sicherheit.

ANFALLENDE ADMINISTRATIVE AUFGABEN

DANK UND RESPEKT GEBÜHREN DEN SEKRETÄRINNEN, DIE DABEI IN HOHEM UMFANG UNTERSTÜTZUNG LEISTEN

7.3 Professor ist nicht gleich Professor

Verschiedene Alternativen zur Universitätsprofessur

Unterschiede ergeben sich aus Art der Einrichtung, Vergütung und Qualifikation

Nicht immer bedeutet der „Professor" im Titel, dass sein Träger in Amt und Würden steht, und nicht immer steht die Professur für eine gesicherte Stellung. Vertretungsprofessuren beispielsweise eignen sich für den Einstieg, sind aber zeitlich befristet, und außerplanmäßige Professoren wie auch Honorarprofessoren haben nichts als den Titel. Lesen Sie hier, welche Arten von Professoren es gibt.

45.749

Professoren gab es 2014 insgesamt an den deutschen Hochschulen

Quelle: Statistisches Bundesamt

7.3.1 Als regulärer Professor an der Universität

Wer Professor werden will, hat meist genau sie vor Augen: die Universitätsprofessur. Ganz nach dem Humboldt'schen Bildungsideal verbindet sie Forschung und Lehre und repräsentiert das gesammelte Wissen ihres Fachs. Beamte auf Lebenszeit sind in der Regel unkündbar, genießen große Freiheiten und dürfen sich auf eine beachtliche Pension freuen. Entsprechend groß fällt der Wettbewerb um diese Stellen aus.

Umfang der Lehrverpflichtung

Das Lehrdeputat von Professoren an einer Universität liegt je nach Bundesland bei acht bis neun Semesterwochenstunden. Professoren, die wegen der steigenden Studierendenzahlen mit dem Schwerpunkt Lehre eingestellt werden, haben eine höhere Lehrverpflichtung, die meist bei zehn bis zwölf Semesterwochenstunden liegt. Universitätsprofessoren sind in ein Institut und eine Fakultät eingebunden und haben darum eine Verpflichtung zur akademischen Selbstverwaltung und somit zur Gremientätigkeit (➽ *Kap. 7.2.8*). Weil Professoren zudem eine Reihe von Management- und Verwaltungsaufgaben – Stichwort Drittmittelprojekte – erfüllen müssen, bleibt ihnen im Vergleich zu Nachwuchswissenschaftlern oft weniger Zeit für die Forschung.

Universitätsprofessoren sind darüber hinaus für die Betreuung des wissenschaftlichen Nachwuchses zuständig, das heißt für die Betreuung und Prüfung von Doktoranden und Habilitanden. Diese Betreuungsverhältnisse schlagen sich in der Regel auch in arbeitsrechtlichen Verhältnissen nieder. Als wissenschaftliche Mitarbeiter direkt beim Lehrstuhl oder im Drittmittelprojekt erbringen die Nachwuchsforscher für den Professor Dienstleistungen in Forschung und Lehre. Dabei haben die Professoren zwar ein Weisungsrecht gegenüber ihren Mitarbeitern, arbeitsrechtliche Maßnahmen wie Abmahnungen oder Kündigungen können sie jedoch nicht ergreifen.

Erbringung „zusätzlicher wissenschaftlicher Leistungen"

Die Landeshochschulgesetze schreiben vor, dass Universitätsprofessoren – anders als ihre Kollegen an der Fachhochschule – neben der Promotion „zusätzliche wissenschaftliche Leistungen" vorweisen müssen (➻ *Kap. 7.1.3*). Das kann zum einen die Habilitation sein, zum anderen aber auch die Juniorprofessur (➻ *Kap. 5.1*), die Leitung einer Nachwuchsgruppe (➻ *Kap. 5.2*) oder eine andere eigenständige wissenschaftliche Tätigkeit mit einem adäquaten Publikationsvolumen.

Die fachspezifischen Anforderungen sind allerdings strenger, und so kommt man in bestimmten Fächergruppen wie in der Medizin und den Geisteswissenschaften oft nicht um die Habilitation herum (➻ *Kap. 4*). Bei der Berufung achten die Universitäten nicht allein auf die fachliche Qualifikation der Bewerber, sondern auch auf deren internationale Vernetzung und Kontakte zu potenziellen Drittmittelgebern.

7.3.2 Professor an einer außeruniversitären Forschungseinrichtung

Wer sich als Professor vor allem mit Forschung befassen will, sollte den Versuch unternehmen, an einer außeruniversitären Forschungseinrichtung unterzukommen. Dazu müssen Sie in den Stellenanzeigen nach einer „Gemeinsamen Professur" oder einer „S-Professur" (Sonder-/Sektoralprofessur) Ausschau halten. Diese Stellen werden von einer Universität und einer außeruniversitären Forschungseinrichtung (Institute der Helmholtz-Gemeinschaft, Max-Planck-Gesellschaft, Fraunhofer-Gesellschaft und Leibniz-Gemeinschaft) gemeinsam ausgeschrieben. Eine gemeinsame Berufungskommission trifft die Kandidatenauswahl.

Nicht immer werden Professoren an außeruniversitären Forschungseinrichtungen auf Lebenszeit berufen. Die Berufung auf Zeit hat jedoch zur Folge, dass Sie, kaum eingearbeitet und Ihre Forschungsvorhaben gerade erst zum Laufen gebracht, schon wieder Bewerbungen schreiben müssen. Als Beamter auf Zeit müssen Sie zudem Nachteile in der Sozialversicherung hinnehmen (➻ *Kap. 7.2.4*). Sollten Sie keine Anschlussprofessur finden, haben Sie beispielsweise kein Anrecht auf Unterstützung aus der Arbeitslosenversicherung.

Bei einer solchen Kooperation handeln die beteiligten Einrichtungen noch vor der Schaffung dieser Stelle aus, welche Aufgaben der Professor an der Universität und welche er an dem Forschungsinstitut erbringen muss.

Drei Modelle werden dabei besonders oft angewendet, obgleich die genaue Ausgestaltung bei den Vertragspartnern liegt und auch Abweichungen möglich sind:

Drei Kooperationsmodelle und deren Ausgestaltung

BERLINER MODELL

Mit dem Erstattungsmodell werden die Aufgaben zur Lehre und zur akademischen Selbstverwaltung an der Hochschule reduziert. Die Forschungseinrichtungen erstatten den Universitäten für diesen Ausfall die Personalkosten und beteiligen sich an den Altersbezügen.

JÜLICHER MODELL

Nach dem Beurlaubungsmodell werden die Professoren an der Hochschule umgehend beurlaubt, sobald sie berufen worden sind, und müssen also weder in der Lehre noch in Gremien etc. tätig werden. Zugleich schließen sie einen Dienstvertrag mit der Forschungseinrichtung, die dann auch die Besoldung übernimmt.

KARLSRUHER MODELL

Das Nebentätigkeitsmodell sieht vor, dass der Professor seinen universitären Verpflichtungen in vollem Umfang nachkommt und an der Forschungseinrichtung lediglich eine Nebentätigkeit aufnimmt.

7.3.3 Hoffnung auf Übernahme: Vertretungsprofessoren

Eine Professurvertretung wird oft dann eingestellt, wenn ein vakanter Lehrstuhl nicht länger brachliegen soll. Der Vertretungsprofessor bleibt dann so lange im Amt, bis die Stelle endgültig besetzt ist – das heißt, während seiner Amtszeit läuft in der Regel auch ein Berufungsverfahren ab. Gerade wenn Sie noch keine Professur innehaben, ist eine solche Vertretung eine attraktive Gelegenheit, sich schon einmal als Professor zu erproben und sich günstig für kommende Berufungsverfahren aufzustellen.

Das Einstellen von Vertretungsprofessoren erfolgt ohne das aufwendige Berufungsverfahren (➻ *Kap. 7.1*), nicht einmal eine öffentliche Ausschreibung ist zwingend erforderlich. Die Einstellungsvoraussetzungen sind jedoch die eines regulären Professors: Sie müssen eine Habilitation oder vergleichbare wissenschaftliche Leistungen vorweisen, Lehrerfahrungen sind vonnöten, einschlägige Publikationen, Vorträge etc. (➻ *Checkliste auf Seite 48*). Vertretungsprofessoren haben die gleichen Pflichten wie reguläre Hochschulprofessoren. Das heißt, Sie müssen sich in Lehre, Forschung und in der akademischen Selbstverwaltung betätigen. Allerdings besteht das Recht, den Professorentitel zu führen nicht automatisch – dieses muss erst eingeräumt werden.

Gesetzliche oder tarifvertragliche Vergütungsregelungen gibt es keine. Die Vergütung orientiert sich meistens an der Besoldungsgruppe des zu vertretenden

Lehrstuhls. Eine Ausnahme bildet dabei Baden-Württemberg, das Vertretungsprofessoren grundsätzlich nur ein W2-Gehalt gewährt. Ähnlich wie bei der beamtenrechtlichen Besoldung kommen je nach Bundesland zu der Vergütung noch Zuschläge hinzu, wie zum Beispiel der Familienzuschlag, das Weihnachtsgeld oder die Fahrtkostenpauschalen. Leistungsbezogene Zuschläge, wie sie reguläre Professoren erhalten, sind hingegen selten.

Bei der Vertragsdauer sind große Unterschiede möglich. Die Kultusministerkonferenz regt zwar an, dass eine Professurvertretung in der Regel nicht länger als zwei Semester dauern sollte, es gibt jedoch auch Ausschreibungen auf fünf Jahre.

7.3.4 Auf Zeit und aus Drittmitteln finanziert: Stiftungsprofessoren

Stiftungsprofessuren werden, wie der Name schon nahelegt, ganz oder zumindest teilweise von einem Drittmittelgeber finanziert. Rund zwei Prozent der Lehrstühle in Deutschland werden gestiftet. Oft übernimmt jedoch nach Ablauf der Förderdauer die entsprechende Hochschule die Stiftungsprofessur als reguläre W2- oder W3-Professur. Die meisten Stiftungsprofessuren haben eine Laufzeit von fünf Jahren, aber auch zehn Jahre sind möglich. Bei der Schaffung dieser Stellen betätigt sich oft der Stifterverband für die Wissenschaft als sachkundiger Vermittler zwischen den Förderern und den Hochschulen.

WER AM HÄUFIGSTEN STIFTUNGSPROFESSUREN FÖRDERT

Quelle: Stifterverband für die Wissenschaft

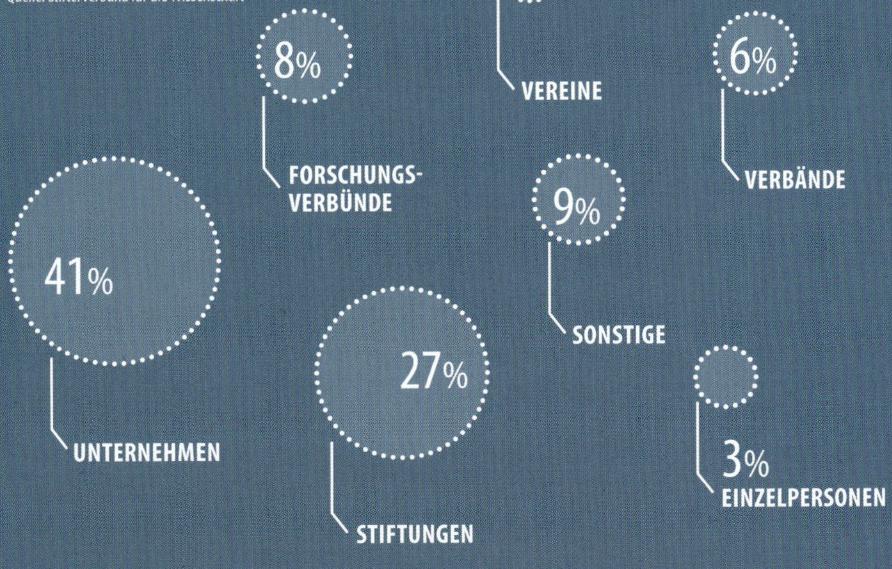

VERTEILUNG DER STIFTUNGSPROFESSUREN NACH FACHRICHTUNG

Quelle: Stifterverband für die Wissenschaft

Eine Stiftungsprofessur wird in der Regel eingerichtet, wenn ein Förderer für ein Thema, das ihm wichtig ist, eine Hochschule findet, die dieses Forschungsthema ebenfalls bearbeiten will. Die Professuren stehen deshalb bisweilen in dem Ruf, nicht unabhängig forschen zu können. Immerhin werden vier von zehn Stiftungsprofessuren von Unternehmen finanziert, die das bestimmt nicht uneigennützig tun.

Andererseits zählen auch prestigeträchtige Förderinstrumente wie die Lichtenberg-Professuren der VolkswagenStiftung und die Heisenberg-Professuren der DFG zu den Stiftungsprofessuren. Der Stifterverband für die Wissenschaft hat einen Code of Conduct formuliert, nach dem die Hochschulen frei über die Annahme von Stiftungsprofessuren entscheiden und ihnen die Freiheit von Forschung und Lehre ohne jede Beeinflussung seitens des Förderers zugesichert wird. Letztlich sind es aber die beiden Vertragspartner – Stifter und Hochschule –, die über die Ausgestaltung der Professur und die Verwertung des generierten Wissens entscheiden.

Rechte und Pflichten der Stiftungsprofessur

Die Inhaber einer Stiftungsprofessur haben dieselben Rechte und Pflichten wie die regulären Professoren an einer Hochschule (➻ *Kap. 7.2*). Auch das Berufungsverfahren ist dasselbe – die Professur wird öffentlich ausgeschrieben, und eine von der Hochschule eingesetzte Berufungskommission entscheidet, welcher Kandidat am geeignetsten ist (➻ *Kap. 7.1*). Die Vergütung erfolgt nach der W-Besoldung, die Ausstattung je nachdem, was durch den Förderer zur Verfügung gestellt wurde und was die Hochschule noch dazuschießt. Diese Professuren sind jedoch oft befristet, mit all den Nachteilen, die eine Verbeamtung auf Zeit mit sich bringt (➻ *Kap. 7.2.4*).

7.3.5 Professoren an Privathochschulen

Laut Statistischem Bundesamt wurden im Jahr 2013 knapp 2.000 Professoren an privaten Hochschulen beschäftigt, die meisten davon im Bereich der Rechts-, Wirtschafts- und Sozialwissenschaften. Die Tendenz ist steigend, ebenso auch die Zahl der Studienanfänger (2013: 39.300). Und so könnte auch eine Bewerbung im nichtstaatlichen Bildungssektor durchaus eine Überlegung wert sein. Beachten Sie dabei unbedingt, wie seriös die von Ihnen anvisierte Hochschule ist, ob die Studiengänge akkreditiert worden sind und wie es um die Konkurrenz vor Ort steht. Das CHE-Ranking informiert unter anderem über das Renommee einer Hochschule (➻ *www.zeit.de/ranking*).

Für Professuren privater Hochschulen gibt es ähnliche Einstellungsvoraussetzungen wie an staatlichen Hochschulen. So verlangen auch die privaten Fachhochschulen, die die große Mehrheit ausmachen, oft mehrjährige berufspraktische Erfahrungen. Die dort gewonnenen beruflichen Kontakte bieten den Vorteil, dass Sie bei einem Ausscheiden aus der Professur oft über bessere Möglichkeiten zur Weiterbeschäftigung verfügen als Wissenschaftler, die sich ausschließlich im staatlichen Forschungssystem bewegt haben.

Sehen Sie Ihren beruflichen Schwerpunkt in der Forschung, sollten Sie sich bevorzugt eine Anstellung im staatlichen Wissenschaftssystem suchen. Da Privathochschulen Studiengebühren verlangen, orientieren sie sich mehr an den Bedürfnissen der Studierenden. Das Pensum für Lehre und Betreuung ist damit deutlich höher. Für Forschung bleibt darum oft weniger Zeit.

Gehalt wird individuell verhandelt

Ihr Gehalt handeln Professor an einer Privathochschule selbst aus. Die Höhe hängt nicht zuletzt davon ab, wie gut der Bewerber auf die Stelle passt, welche Rolle der Lehrstuhl innerhalb der Hochschule hat und wie das Anforderungsprofil für diese Stelle ist. Oft orientieren sich die Gehälter an der W-Besoldung, genauso sind aber auch höhere und weit unterhalb der W-Besoldung liegende Vergütungen möglich.

Private Hochschulen stehen unter einem deutlich höheren finanziellen Druck als die staatlichen. Viele Einrichtungen müssen sehr schnell nach ihrer Eröffnung wieder schließen, und auch hoch angesehene Einrichtungen kämpfen um ihr Fortbestehen. Für das Lehrpersonal bedeutet das noch weniger Sicherheit als im staatlichen Bildungssystem. Wer so seine Anstellung verliert, muss bisweilen auch um seinen Professorentitel fürchten. Die Regelungen zur Weiterführung des Titels nach dem Ausscheiden aus einer Professur werden von den Landeshochschulgesetzen festgelegt.

7.3.6 Ein Titel ohne Anstellung: Außerplanmäßige Professoren

Außerplanmäßige Professoren (apl-Professoren) haben keine ausgeschriebene Stelle inne und stehen oft mit ihrer Hochschule in keinem Dienst- oder Arbeitsverhältnis. Es handelt es sich dabei um Privatdozenten, die sich in Forschung und Lehre verdient gemacht haben. Als Anerkennung für diese Arbeit verleihen die Hochschulen den Titel des außerplanmäßigen Professors. Besonders die „Bewährungszeit" als Privatdozent ist bundeslandabhängig. In Bayern beträgt sie sechs Jahre, in Baden-Württemberg dagegen nur zwei Jahre.

Um apl-Professor zu werden, müssen Sie in der Regel einen Antrag bei der Fakultät stellen, an der Sie als Privatdozent tätig sind. An manchen Fakultäten können auch ehemalige Juniorprofessoren zum apl-Professor ernannt werden. Die Hochschulen verleihen den Titel dann auf Vorschlag des Fakultätsrats hin. Die genauen Bedingungen zur Gewährung dieses Titels werden vom Landeshochschulgesetz und der Satzung der Hochschule festgelegt. Neben Ihren Leistungen in Forschung und Lehre müssen Sie oft auch externe Gutachten vorweisen. Wenn Sie sich für eine W2- oder W3-Professur beworben haben und in die

Berufungsliste aufgenommen wurden, gilt das als ein zusätzliches Gütekriterium, und Sie sollten dies in Ihrem Antrag erwähnen.

Ebenso wie Privatdozenten (➽ *Kap. 4.8*) und Honorarprofessoren (➽ *Kap. 7.3.7*) sind außerplanmäßige Professoren zur sogenannten Titellehre verpflichtet. Das heißt, sie führen regelmäßig Lehrveranstaltungen im Umfang von zwei Semesterwochenstunden durch. Diese Leistung wird nicht vergütet. Gerade in der Medizin erleichtert die apl-Professur den Zugang zu leitenden Funktionen in Kliniken.

7.3.7 Ein Titel zur Ehre: Honorarprofessoren

Der Name ist irreführend: Honorarprofessoren sind nicht etwa Freiberufler und erhalten für ihre professoralen Leistungen, beispielsweise in der Lehre, ein Honorar. Im Gegenteil, Honorarprofessoren lehren in der Regel unentgeltlich und ehrenamtlich an einer Hochschule. Im Gegenzug dürfen sie – entsprechend den dazu geltenden Vorgaben des Landesrechts – den Professorentitel tragen. Von Honorarprofessoren wird erwartet, dass sie pro Semester mindestens eine Lehrveranstaltung mit zwei Semesterwochenstunden geben.

Voraussetzung für eine Honorarprofessur sind mehrjährige Lehrerfahrungen und besondere wissenschaftliche oder künstlerische Leistungen, sei es im Wissenschaftsbetrieb oder in der beruflichen Praxis. Die Einstellungsvoraussetzungen für Professoren müssen grob erfüllt sein, eine Habilitation ist jedoch nicht nötig. Darin liegt der Unterschied zur außerplanmäßigen Professur (➽ *Kap. 7.3.6*), die direkt auf Privatdozentur und damit der Habilitation aufbaut.

Ernennung universitätsintern geregelt

Die Regelungen zur Ernennung von Honorarprofessoren werden universitätsintern getroffen, der Rahmen ist durch das jeweilige Landeshochschulgesetz vorgegeben. Hessen beispielsweise setzt besondere Leistungen bei der Umsetzung wissenschaftlicher Erkenntnisse in die Praxis voraus. In Mecklenburg-Vorpommern und Rheinland-Pfalz ist eine nebenberufliche Anstellung an der Hochschule zwingend erforderlich, in Baden-Württemberg, Berlin, Brandenburg und Sachsen hingegen ist eine hauptamtliche Beschäftigung an der jeweiligen Hochschule nicht erlaubt.

Die Bestellung von Honorarprofessoren erfolgt auf Initiative der Fakultät hin; oft müssen ein oder mehrere Kollegen eine solche Bestellung vorschlagen. Je nach Bundesland muss der akademische Senat oder die Hochschulleitung zustimmen. Grundlage für die Entscheidung sind in der Regel zwei bis drei Gutachten, die die Leistungen des Kandidaten bestätigen. Die Honorarprofessur endet auf eigenen Antrag hin, wenn die Titellehre nicht mehr erbracht wurde oder wenn der Honorarprofessor sich schwerer Verstöße schuldig gemacht hat, die bei einem Beamten zum Verlust seiner Beamtenrechte führen würden.

8. Adressen

academics GmbH

Speersort 1
20095 Hamburg

E-Mail: info@academics.de
Internet: www.academics.de

Bund demokratischer Wissenschaftlerinnen und Wissenschaftler e. V.

Gisselberger Str. 7
35037 Marburg

Tel: +49 (0)642121395

E-Mail: bdwi@bdwi.de
Internet: www.bdwi.de

Bundesministerium für Bildung und Forschung

Kapelle-Ufer 1
10117 Berlin

Tel: +49 (0)30 / 18 57-0

E-Mail: information@bmbf.bund.de
Internet: www.bmbf.de

Centrum für Hochschulentwicklung gGmbH

Verler Straße 6
33332 Gütersloh

Tel: +49 (0)5241 / 97 61 0

Internet: www.che.de
www.hochschulkurs.de

Deutscher Hochschulverband

Rheinallee 18-20
53173 Bonn

Tel: +49 (0)228 / 902 66-66

E-Mail: dhv@hochschulverband.de
Internet: www.hochschulverband.de

EURAXESS Deutschland

Nationale Koordinierungsstelle
Deutsches Zentrum für Luft- und Raumfahrt (DLR)

DLR Projektträger
Europäische und internationale Zusammenarbeit

Heinrich-Konen Str.1
53227 Bonn

Tel: +49 (0)228 / 3821-1382

E-Mail: info@euraxess.de
Internet: www.euraxess.de

Forum Mentoring e.V. c/o Julius-Maximilians-Universität

Projektstelle MENTORING
Medizinisches Dekanat

Josef-Schneider-Straße 2
97080 Würzburg

E-Mail: info@forum-mentoring.de
Internet: www.forum-mentoring.de

Fraunhofer-Gesellschaft zur Förderung der angewandten Forschung e.V.

Hansastraße 27 c
80686 München

Tel: +49 (0)89 / 1205-0

E-Mail: info@zv.fraunhofer.de
Internet: www.fraunhofer.de

German Academic International Network
c/o DAAD New York Office

871 United Nations Plaza
New York, NY 10017

Tel: +1 (212) 758-3223-217

E-Mail: info@gain-network.org
Internet: www.gain-network.org

Hochschullehrerbund - Bundesvereinigung e. V.

Godesberger Allee 64
53175 Bonn

Wissenschaftszentrum
Postfach 20 14 48
53144 Bonn

Tel: +49 (0)228 / 555256-0

E-Mail: hlb@hlb.de
Internet: www.hlb.de

Helmholtz-Gemeinschaft Deutscher Forschungszentren e.V.

Ahrstraße 45
53175 Bonn

Tel: +49 (0)228 / 30818-0

E-Mail: info@helmholtz.de
Internet: www.helmholtz.de

Hochschulrektorenkonferenz

Ahrstrasse 39
53175 Bonn

Tel: +49 (0)228 / 887-153

E-Mail: post@hrk.de
Internet: www.hrk.de

Leibniz-Gemeinschaft

Chausseestraße 111
10115 Berlin

Tel: +49 (0)30 / 20 60 49-0

E-Mail: info@leibniz-gemeinschaft.de
Internet: www.leibniz-gemeinschaft.de

Max-Planck-Gesellschaft zur Förderung der Wissenschaften e.V.

Hofgartenstraße 8
80539 München

Tel: +49 (0)89 / 2108-0

Internet: www.mpg.de

Stifterverband für die Deutsche Wissenschaft e.V.

Barkhovenallee 1
45239 Essen

Tel: +49 (0)201 / 8401-0

Internet: www.stifterverband.info

Wissenschaftsrat

Brohler Straße 11
50968 Köln

Tel: +49 (0)221 / 3776-0

E-Mail: post@wissenschaftsrat.de
Internet: www.wissenschaftsrat.de

Zentrum für Wissenschafts-management e.V. (ZWM)

Postfach 1409
67324 Speyer

Tel: +49 (0)6232 / 654-304

E-Mail: info@zwm-speyer.de
Internet: www.zwm-speyer.de

FÖRDERPROGRAMME UND STIPENDIEN:

Alexander von Humboldt-Stiftung

Jean-Paul-Str. 12
53173 Bonn

Tel: +49 (0)228 / 833-0

E-Mail: info@avh.de
Internet: www.humboldt-foundation.de

Deutscher Akademischer Austauschdienst e.V. (DAAD)

Kennedyallee 50
53175 Bonn

Tel: +49 (0)228 / 882-0

E-Mail: postmaster@daad.de
Internet: www.daad.de

Deutsche Forschungs. gemeinschaft (DFG)

Kennedyallee 40
53175 Bonn

Tel: +49 (0)228 / 885-1

E-Mail: postmaster@dfg.de
Internet: www.dfg.de

European Research Council Covent Garden

Place Charles Rogier 16
1210 Saint-Josse-ten-Noode
(Brussels) Belgium

Internet: erc.europa.eu

EU-Büro des BMBF

Heinrich-Konen-Str. 1
53227 Bonn

Internet: www.eubuero.de

FAZIT-STIFTUNG Gemeinnützige Verlagsgesellschaft mbH

Hellerhofstraße 2-4
60327 Frankfurt am Main

Tel: +49 (0)69 / 7591-2066

E-Mail: info@fazit.de
Internet: www.fazit-stiftung.de

Gerda Henkel Stiftung

Malkastenstraße 15
40211 Düsseldorf

Tel: +49 (0)211 / 936524-0

E-Mail: info@gerda-henkel-stiftung.de
Internet: www.gerda-henkel-stiftung.de

Margarete von Wrangell-Habilitationsprogramm für Frauen

LaKoG - Universität Stuttgart
Kronenstr. 36
70174 Stuttgart

Tel: +49 (0)711 / 685-82003

E-Mail: hoeppel@lakog.uni-stuttgart.de

VolkswagenStiftung

Kastanienallee 35
30519 Hannover

Tel: +49 (0)511 / 8381-0

E-Mail: info@volkswagenstiftung.de
Internet: www.volkswagenstiftung.de

9. Schlagworte

Impressum

Herausgeber: academics GmbH, Hamburg, 2016
1. Auflage
Autorin: Anke Wilde
Redaktionelle Leitung: Linda Dekkers
Gestaltung und Satz: Noreen Leipold
Preis/Schutzgebühr: 16,95 Euro
Druck und Bindung: flyeralarm GmbH, Würzburg

ISBN-Nr: 978-3-9817015-2-4

Hinweis: Aus Gründen der besseren Lesbarkeit und Verständlichkeit wird in der Regel das generische Maskulinum verwendet. Selbstverständlich ist überall dort, wo die männliche Form genutzt wird, immer auch die feminine Form eingeschlossen, auch wenn dies sprachlich nicht explizit zum Ausdruck kommt.

Bildnachweise: Titelbild - suze / photocase.de; Seite 9 - cydonna / photocase.de; Seite 12/13 - view7 / photocase.de; Seite 19 - Francesca Schellhaas / photocase.de; Seite 31 - Jonicore / photocase.de; Seite 33 - quälgeist / photocase.de; Seite 41 - suze / photocase.de; Seite 47 - pixx / photocase.de; Seite 48 - jock+scott / photocase.de; Seite 51 - pixx / photocase.de, Seite 59 - jala / photocase.de; Seite 69 - inkje / photocase.de; Seite 75 - zettberlin / photocase.de, Seite 85 - misterQM / photocase.de; Seite 89 - Soundboy / photocase.de; Seite 99 - jala / photocase.de; Seite 109 - Bratscher / photocase.de; Seite 117 - HerrSpecht / photocase.de; Seite 125 - Deutscher Hochschulverband; Seite 143 - suze / photocase.de; Seite 149 - 106313 / photocase.de; Seite 154 - jbkfotos / photocase.de